EL TIKÚN
DEL RABÍ NAJMÁN

EL TIKÚN DEL RABÍ NAJMÁN

El Remedio General
(*TIKÚN HAKLALÍ*)

Selección y Notas por
Abraham Greenbaum

Traducido al Español por
Guillermo Beilinson

Publicado por
BRESLOV RESEARCH INSTITUTE
Jerusalem/New York

Primera edición

Título del original en Inglés:
RABBI NACHMAN'S TIKKUN

Para más información:
Breslov Research Institute
POB 5370
Jerusalem, Israel.

Breslov Research Institute
POB 587
Monsey, NY 10952-0587
Estados Unidos de Norteamérica.

Breslov Research Institute
c\o G.Beilinson
calle 493 bis # 2548
Gonnet (1897)
Argentina.
e-mail: guillermobeilinson@gmail.com

INTERNET: http//www.breslov.org

Diseño de cubierta: Ben Gasner

A mi esposa y a mis hijos

Sara Helen bat Shyrley Batia

Shaun ben Sara Helen
Thomas Roma ben Sara Helen
Talya Adel bat Sara Helen

que el Rebe ilumine sus caminos

ZALMAN BEN MARCOS SCHARAGRODSKY

Índice

(Parte I – Español)

Prefacio del Editor 9
Introducción 13

1. El Pacto 17
2. El Remedio General 29
3. Los Diez Salmos 38
4. La Promesa 52
5. Alusiones 57
6. La Canción 67
7. En la Práctica 82
8. Retornando 88
9. El Castillo de Agua 102
10. Tzadik 114

Glosario 129
Bibliografía 131

(Parte II – Hebreo)

Los Diez Salmos 137
La Plegaria 168

Prefacio del Editor

> Mira las obras de Dios, porque ¿quién es capaz de enderezar
> lo que él torció? (Eclesiastés 7:13).

Afirma el Midrash: «Cuando Dios creó a Adán, lo llevó a
través del Jardín del Edén y le dijo, <*Mira las obras de Dios -
observa cuán agradables y hermosas son Mis obras. Todo lo que
he creado es para ti. Asegúrate de no arruinar Mi mundo, porque
si lo haces, no hay nadie que pueda reparar el daño. Porque ¿quién
es capaz de enderezar lo que él torció?* E incluso traerás la muerte
al mundo> » (*Kohelet Rabah* 7:24).

Adán recibió una tarea. Se le dijo que debía contemplar y
considerar todas sus acciones. «*Mira las obras...*». De esa manera
no pecaría. Si se descarriaba, no habría manera de corregir lo
dañado. Y en verdad la muerte permanece con nosotros hasta
el día de hoy. No sólo eso, sino que, continúa el rey Salomón:
«Hasta la persona recta no carece de pecado» (Eclesiastés 7:20).
El cuadro que se nos presenta es muy sombrío. ¿No hay nada que
uno pueda hacer para corregir sus errores?

«*Teshuvá*, el arrepentimiento, fue creado antes que el
mundo» (*Pesajim* 54a). De modo que incluso antes de que uno
cometa un pecado, hay un remedio esperando. Pero, ¿hasta
dónde ayuda la *Teshuvá*? Hasta en los casos más severos es
posible arrepentirse y estar seguro de que su arrepentimiento es
aceptado. Pero, ¿qué hay del *daño* causado por la mala acción?
«¿Quién es capaz de enderezar lo que él torció?». Incluso si se
devuelve lo robado, ¿qué sucede con la pena y el sufrimiento de
la víctima?

En el mundo físico, la construcción y la destrucción son
algo visible a los ojos. En el ámbito espiritual uno ve a través de la
fe. ¿En qué pecó uno? ¿Quién lo puede decir? Si la fe de uno le dice
que hizo algo incorrecto, entonces esa misma fe puede permitirle
decir que es capaz de corregir ese daño. Así enseña el Midrash,
«No son los muertos los que contaminan, ni la aspersión con las

cenizas de la vaca roja lo que purifica, sino la palabra de Dios» (*BaMidbar Rabah* 19:4).

Dijo el Rabí Najmán: «¡Si crees que puedes dañar, también debes creer que puedes reparar!» (*Likutey Moharán* II, 112). Si crees que has causado un daño con tu transgresión, entonces ya crees en algo, aunque sea en pequeña escala. De otra manera no pensarías que los pecados son destructivos. Y si ya crees que tienes el poder de destruir, entonces debes creer que también tienes el poder de rectificar.

«*El Tikún del Rabí Najmán*» tiene por objetivo desarrollar este punto. Es muy común sentir que se han cometido tantos daños que ya no existe esperanza alguna. ¡No es así! Sólo hace falta continuar leyendo y considerar los puntos presentados por el Rebe Najmán en sus enseñanzas recogidas en este volumen. Está claro que todos, hasta el peor de los pecadores, tienen poderes inherentes no sólo para corregir sus propios daños sino también para ayudar a los demás que se encuentran alejados.

El Breslov Research Institute quiere extender su caluroso agradecimiento a Abraham Greenbaum por la difícil tarea de seleccionar y presentar el material de este libro.

Agradecemos a Ariel Sigal por habernos permitido utilizar la Traducción al español y Fonética de los Salmos, reproducidos del libro TEHILIM CON FONÉTICA Y COMENTARIOS, Editorial Keter Torá, Buenos Aires. © Editorial Keter Torá, Buenos Aires.

Sea la voluntad del Todopoderoso que veamos el cumplimiento de la profecía de Isaías (25:8), «Destruirá la muerte para siempre; y el Señor Dios enjugará las lágrimas del rostro del hombre». Amén.

Jaim Kramer
Marjeshvan 5745
Jerusalén

EL TIKÚN DEL RABÍ NAJMÁN

Introducción

Es una gran mitzvá estar siempre alegres.
(*Likutey Moharán* II, 24)

Nadie estará en desacuerdo sobre la importancia de
la alegría. Es el fundamento de todo accionar positivo en
nuestra búsqueda de la plenitud. Todos en el mundo buscan
incansablemente la felicidad. Pero sólo tenemos que mirar a
nuestro alrededor para ver que el mundo está aún lejos de ser un
lugar feliz.

¿Existe algún remedio? La medicina conoce diferentes
clases de remedios. Algunos son meramente paliativos. Estos
logran a veces reducir los síntomas de la enfermedad u ocultarla
durante un tiempo, pero no tienen el poder de curar la dolencia
misma. Incluso pueden hacer que empeore a la larga. Esto ocurre
con la depresión, la enfermedad del alma. La gente hace muchas
cosas para olvidar su falta de alegría y a veces trata de engañarse
diciendo que han encontrado la felicidad. Pero las medidas
escapistas sólo llevan finalmente a la tristeza. El remedio genuino
debe atacar el problema mismo. Pero hace falta un médico
experto para percibir las causas en su raíz y uno más grande aún
para encontrar la cura.

En verdad las raíces de la depresión son muy profundas.
El propósito final de la creación es revelar el reinado de Dios al
mundo. Sólo cuando se alcance esto reinará la verdadera alegría.
También la creación de cada individuo tiene como propósito
la revelación de la Divinidad. La persona sólo puede ser feliz
en la medida en que descubra la divinidad innata dentro de sí.
Mientras la revelación sea incompleta, tanto el individuo como el
mundo nunca podrán estar plenamente felices. El objetivo final es

llevar al mundo a un estado de *tikún*. La palabra hebrea *le-taken* significa corregir, rectificar o reparar aquello que es imperfecto, incompleto o está dañado. El objetivo de la reparación es la perfección. La palabra *tikún* hace referencia tanto al objetivo general como a cada uno de los actos individuales de creación y de reconstrucción que preparan la base y el camino para la perfección final.

El Rabí Najmán de Breslov (1772-1810) dedicó su vida a este objetivo. Todas sus enseñanzas sobre la alegría, la fe, la plegaria, la simpleza y la pureza tenían como objetivo fortalecer los fundamentos mismos del pueblo judío. *El Tikún del Rabí Najmán*, el remedio para la depresión, se encuentra entre sus logros más grandes. Consiste de diez salmos que el Rabí Najmán seleccionó como remedio para el pecado en general y en especial para la inmoralidad sexual. Lo denominó el *Tikún HaKlalí*, el Remedio General. Los Diez Salmos están tomados del libro de Salmos, pero los hemos denominado *El Tikún del Rabí Najmán* porque fue él quien reveló su poder único para contrarrestar las fuerzas que llevan a la tristeza y a la desesperación. El remedio siempre estará asociado con su nombre.

Desde los días del Rabí Najmán el conocimiento de los Diez Salmos se ha difundido más allá de los confines de sus seguidores inmediatos, los Jasidim de Breslov. Muchos judíos recitan el Remedio General, los Diez Salmos, todos los días, generalmente después de la plegaria de la mañana, al igual que en ocasiones especiales, como cuando visitan las tumbas de los Tzadikim. Como preparación para el recitado de los salmos es costumbre recitar algunos versículos preliminares que han sido traducidos plenamente en esta edición. Luego de completar los Diez Salmos es costumbre recitar los tres versículos dichos luego de la conclusión de toda lectura de los Salmos. También hay una plegaria final compuesta por el Rabí Natán, el discípulo más importante del Rebe Najmán.

¿Cómo debemos recitar los salmos? El Rebe Najmán enseñó que lo más importante es asociar las palabras con uno mismo. Debemos encontrarnos a nosotros mismos en cada salmo que decimos. Uno de los seguidores del Rebe le preguntó cómo hacerlo, y el Rebe le explicó que, por ejemplo, cuando el rey David Le oraba a Dios para que lo salvase en sus batallas, nosotros debemos referir las palabras a nuestra propia batalla en contra de la mala inclinación dentro de nosotros, y así en más. El hombre le preguntó cómo era posible vernos en los pasajes donde el rey David se alababa, tal como cuando dice, "Cuida mi alma, porque yo soy santo" (Salmos 86:2). El Rebe le respondió que incluso versículos como éste pueden ser aplicados a nosotros mismos. Siempre debemos juzgarnos de manera positiva y encontrar en nosotros mérito y puntos buenos. En estos puntos cada uno puede ser un santo (*Likutey Moharán* II, 125. Ver también *Azamra*, en el volumen *Cuatro Lecciones del Rabí Najmán de Breslov*).

Pero, ¿es posible que el hecho de recitar diez salmos ayude allí donde otros medios han fracasado? El general arameo Naamán tuvo una reacción similar cuando escuchó de Elisha que la cura para su lepra era simplemente sumergirse siete veces en el río Jordán (Reyes 2, 5:1-14). Naamán esperaba un remedio mucho más dramático. "¿Acaso Amaná y Parpar, los ríos de Damasco, no son mejores que todas las aguas de Israel?" (*Ibid.* 12). Pero sus siervos le dijeron, "Si el profeta te hubiera dicho de hacer algo grande, ¿no lo habrías hecho? ¿Cuánto más aún, entonces, cuando él te dice, 'Báñate y estarás puro'?" (*Ibid.* 13). Naamán se sumergió siete veces en el Jordán y se curó (cf. *Jaiei Moharán* 492).

Hay veces en que una pequeña píldora hace la diferencia entre la enfermedad y la salud. No debemos sorprendernos por el hecho de que recitar los diez salmos del *Tikún del Rabí Najmán* tenga el poder de curar el alma. El propósito de este libro es presentar ideas sobre el significado del Tikún y mostrar la profundidad de los conceptos en los cuales se basa. Tenemos la promesa del Rebe Najmán de que el Tikún es "un remedio grande y tremendo. Yo estoy muy seguro de todo lo que digo. Pero más aún de esto. Este es el *Tikún HaKlalí*, el Remedio General. Cada pecado tiene su propio remedio individual. Pero éste es el Remedio General" (*Sabiduría y Enseñanzas del Rabí Najmán de Breslov* 141).

"Y un redentor vendrá a Sión y a aquellos en Iaacov que se vuelvan de la transgresión... Y en cuanto a Mí, éste será Mi pacto con ellos. Mi espíritu que está sobre ti y Mis palabras que he puesto en tu boca no se apartarán de tu boca y ni de la boca de tu simiente, ni de la boca de la simiente de tu simiente, desde ahora y para siempre" (Isaías 59:21). "¡Levántate, resplandece, porque ha venido tu luz y la gloria del Señor ha aparecido sobre ti!" (*Ibid.* 60:1). "Y tu pueblo, todos ellos serán justos, heredarán para siempre la tierra; renuevo plantado por Mí mismo, obra de Mis manos. El pequeño vendrá a ser mil y el menor, una nación fuerte: Yo, el Señor, me apresuraré a hacer esto a su tiempo" (*Ibid.* 60:21-22). Que venga pronto y en nuestros días. Amén.

EL PACTO

El pacto es el fundamento de la cercanía del pueblo judío con
Su Padre en el Cielo. Guardar el Pacto es el *Tikún Haklalí*, el
Remedio General.

(Likutey Moharán I, 29:4)

Un Contrato

El Rabí Najmán enseñó que el elemento central en el *Tikún
HaKlulí*, el Remedio General, es el *Brit*: el Pacto entre Dios y el
pueblo judío. ¿Qué es este pacto y cuál es su significado?

En esencia, un pacto es un acuerdo mutuo entre dos
partes, un acuerdo para hacer o para dejar de hacer ciertas cosas.
Las partes se comprometen a cumplir obligaciones particulares.
También pueden ponerse de acuerdo sobre un sistema de
penalidades si no cumplen con sus obligaciones. El *Brit* o Pacto
entre Dios y el pueblo judío tiene la naturaleza de un contrato.
Expresa el papel único del pueblo judío en el esquema de la
Creación.

El hombre es el pináculo de la creación. Dios lo creó libre,
mitad espíritu y mitad cuerpo material, con el objetivo de que
se controlase a sí mismo por su propia y libre voluntad. Esto
para demostrar el dominio del espíritu y así revelar el reinado
de Dios, el dominio del espíritu, incluso en medio del bajo
mundo material. No hay bien más grande que la cercanía con
Dios, Quien es el bien absoluto. El plan de Dios fue hacer que el
hombre fuera dueño de su propio bien permitiéndole ganárselo
por sí mismo, luchando contra su lado material a fin de acercarse
a Dios.

De este modo fue creado Adán. Estaba compuesto por dos opuestos iguales, el cuerpo y el alma. Si hubiera elegido el bien y le hubiera dado el dominio al espíritu habría alcanzado la perfección de una vez. Al pecar (Génesis 3) no llegó a cumplir con su exaltada misión. Todas las generaciones subsecuentes se vieron obligadas a revertir esta falla y probar que el hombre puede en verdad alcanzar las alturas que le corresponden.

Sin embargo las generaciones posteriores a Adán no lograron rectificar el daño que había sido hecho y no recuperaron el estado original de la humanidad. Sólo hubo una excepción: Abraham. Él fue el único que logró elevarse a sí mismo. Como resultado de sus acciones tanto él como sus descendientes fueron elegidos por Dios.

"Y cuando Abram tenía noventa y nueve años de edad, Dios se le apareció a Abram y le dijo, 'Yo soy Dios Todopoderoso; anda delante de Mí y sé perfecto. Y Yo haré Mi *Pacto* entre Yo y tú y te multiplicaré sobremanera... En cuanto a Mí, mi Pacto es contigo... Y Yo estableceré el Pacto entre Yo y tú y tu simiente después de ti a través de sus generaciones como un Pacto eterno, para ser un Dios para ti y para tu simiente después de ti. Y te daré a ti y a tu simiente después de ti la tierra donde habitas, toda la tierra de Canaan, por posesión eterna; y yo seré su Dios' " (Génesis 17:1-2, 4, 7-8).

El Pueblo Judío

El Pacto entre Dios y Abraham consistiría en una relación eterna de especial cercanía entre Dios por un lado y Abraham y sus descendientes, el pueblo judío, por el otro. Esto implicaba tremendas responsabilidades para Abraham: "Anda delante de Mí y sé perfecto". El Pacto implicaba una completa devoción a Dios en todos los aspectos de la vida. Abraham y sus descendientes debían reparar el daño producido por el pecado de Adán y vivir de acuerdo con el destino diseñado para él. Dios prometió Su providencia especial y el regalo de la Tierra de Israel.

La existencia del Pacto debía estar marcada por un signo imborrable. "Este es Mi Pacto que mantendrás entre Yo y tú y tu simiente después de ti: todo varón entre tu descendencia será circuncidado. Y tú serás circuncidado en la carne de tu prepucio;* y esto será una señal del Pacto entre Yo y tú" (*Ibid.* 10-11).

La marca del Pacto se encuentra en el lugar mismo en donde se hacen más notables la grandeza y la debilidad del hombre. El poder de procreación le da al hombre el rol de socio en la creación. Si controla sus pasiones y canaliza sus poderes para el bien, alcanza el pináculo de la grandeza. Pero si falla, sus pasiones pueden reducirlo al grado último de degradación. Se transforma en su esclavo y no es mejor que un animal. Las pasiones inútiles deben ser rechazadas, mientras que las funciones físicas, con su doble potencial para el bien o para el mal, deben ser elevadas a través de su control, canalizándolas hacia objetivos espirituales.

El Pacto con Abraham fue hecho explícitamente también con Itzjak y con Iaacov (ver Génesis 17:19; 28:3; 35:12; Salmos 105:9-10 y Rashi *ad loc.*). Pero hasta ese momento sólo había sido una promesa. Iaacov y sus hijos descendieron al exilio en Egipto y pasaron de ser una élite favorecida a formar una nación de esclavos, tanto física como espiritualmente. Fue en la redención de Egipto que Dios comenzó a revelarles cómo Él cumpliría con Su parte del Pacto, dándoles una protección especial a los Hijos de Israel y llevándolos a la Tierra de Israel. "Y los Hijos de Israel gimieron debido a su esclavitud y clamaron... Y Dios escuchó su gemido y Dios recordó Su pacto con Abraham, con Itzjak y con Iaacov" (Éxodo 2:23-4).

---

* La circuncisión tiene dos aspectos separados. Primero se retira por completo el *orlá*, el prepucio que cubre la *atará*, la corona del pene. Luego el *krum*, la fina membrana debajo de la piel es cortada y retraída a través del acto de *periá* hasta que la carne de la *atará* se hace visible (ver *Rambam, Mishne Torá, Hiljot Milá* 2:2). El *orlá* representa el mal total, que debe ser rechazado por completo, mientras que el *krum* es el intermediario entre el *orlá* y la carne y significa el bien que a veces está mezclado con el mal. De modo que el retiro del *orlá* significa el rechazo del mal, mientras que la retracción del *krum* muestra cómo el bien debe ser separado del mal (ver *Likutey Halajot, Hiljot Milá* 4).

La Torá

La culminación de la redención se produjo con la entrega de la Torá en el Sinaí. Ahora el Pacto fue acordado con el pueblo judío en su totalidad. "Si escuchan Mi voz y guardan Mi Pacto, ustedes serán Mi propio tesoro de entre todos los pueblos, pues toda la tierra es Mía. Ustedes serán para Mí un reino de sacerdotes y una nación santa" (Éxodo 19:5-6). El Pacto fue acordado no sólo con aquéllos que estaban presentes, sino con todos los judíos de todas las generaciones. "No sólo con ustedes Yo hago este Pacto y este juramento, sino con aquél que está de pie aquí con ustedes este día delante del Señor nuestro Dios y también con el que no está aquí con nosotros este día" (Deuteronomio 29:13-14).

Para Abraham la obligación del Pacto había sido expresada como una prescripción general de pureza y de auto perfección. En cambio, la Torá describe los detalles del contrato en las seiscientas trece mitzvot, las bendiciones y las maldiciones. "Todas estas palabras que Yo les ordeno, esto es lo que ustedes observarán para hacer. No agregarán ni quitarán de ellas" (Deuteronomio 13:1). La Torá misma es el Pacto. Es el medio para reparar el daño producido por el pecado de Adán y llevar al hombre y al mundo hacia su perfección. Cada acción al observar un precepto de Dios hace que la persona se acerque más a Dios de una cierta manera en particular, mientras que el cumplimiento de la Torá y de las mitzvot como un todo trae la perfección en general.

La mitzvá del *Brit* implica toda la Torá. Es así que la *guematria* de *Brit* es seiscientos doce. Al agregar una unidad por la mitzvá misma suma entonces seiscientas trece:

Bet	ב	2		*Tav*	ת	400
Resh	ר	200		*Resh*	ר	200
Iud	י	10		*Iud*	י	10
Tav	ת	400		*Guimel*	ג	3
		1				
		613				613

El propósito de los mandamientos es entonces volvernos hacia Dios y acercarnos a Él. Es así que el Pacto, que es la expresión de nuestra obligación general e incluye todos los preceptos, es el fundamento de la cercanía del pueblo judío con Dios. Guardar el Pacto implica más que la adherencia técnica a los detalles de un contrato. Significa también una actitud de la mente y del corazón: la búsqueda de la pureza y de la total devoción a Dios, con el rechazo de todo aquello que pueda separarnos de Él.

* * *

Dicen Nuestros Sabios

Cuando la persona va a impurificarse, se le abren las puertas. Cuando viene a purificarse también se la ayuda. La transgresión mancha el corazón del hombre y lo hace insensible. Cuando la persona se impurifica un poco, se la castiga haciéndola mucho más impura. Si se impurifica en el mundo de abajo, se la impurifica en el mundo de arriba. Si se impurifica en este mundo, se la impurifica en el Mundo que Viene. Pero si se santifica un poco, es recompensada dándole una gran santidad. Si se santifica aquí abajo, se le da santidad desde arriba. Si se santifica en este mundo, es santificada en el Mundo que Viene (*Ioma* 38b).

*

Los pensamientos de transgresión son peores que la transgresión misma (*Ioma* 29a).

*

La persona no debe tener pensamientos lujuriosos durante el día para no impurificarse durante la noche (*Avoda Zara* 20b).

*

Grande es la circuncisión, sobre la cual se hicieron trece pactos. De no haber sido por la circuncisión, el Santo, bendito sea, no habría creado el mundo, tal cual está escrito (Jeremías 33:20), "Si Mi pacto no fuera observado día y noche, sería como si yo no hubiera determinado las ordenanzas del cielo y de la tierra" (*Nedarim* 31b).

*

La Torá es llamada un "Pacto", el Santo, bendito sea, es llamado "Pacto", y esta santa señal de la circuncisión es llamada el "Pacto" (*Zohar* III:73b).

*

Mientras Israel observa el Santo Pacto, genera estabilidad en el mundo, arriba y abajo. Pero cuando desechan el Pacto no hay estabilidad arriba ni abajo. Mientras los hombres se mantengan unidos a este Pacto y no lo abandonen no habrá raza ni lengua que pueda dañarlos. No hay pecado en el mundo que enoje más al Santo, bendito sea, como el abandono del Pacto, tal cual está escrito, "Una espada que ejecutará la venganza del Pacto" (Levítico 26:25; *Zohar* I:66b).

*

Cuando la persona guarda el Santo Pacto, es como si hubiera observado toda la Torá, porque el Pacto equivale a toda la Torá (*Ibid.* 197a).

*

Todo aquél que observa este Pacto, sobre el cual se sostiene el mundo, es llamado "tzadik" (recto). Esto lo aprendemos de Iosef, quien debido a que observó el Pacto es conocido como Iosef el Tzadik (*Ibid.* 59b).

*

El Santo Pacto hace que el cuerpo del hombre sea brillante y esplendoroso, y aquel que lo guarda nunca sufrirá daño alguno. Cuando la persona niega el Santo Pacto que está sellado en su carne, es como si rechazara el nombre del Santo, bendito sea, y aquel que rechaza el sello del Rey es como si negara al Rey mismo (*Ibid.* II:3b).

*

El ángel que preside el *Guehinom* es llamado Duma. Bajo él se encuentran cientos de miles de ángeles destructores. Él se encuentra a la entrada del *Guehinom*. Pero no tiene poder para acercarse a aquéllos que guardaron el Santo Pacto en este mundo (*Ibid.* 8a).

*

Todo aquél que guarda el Santo Pacto es digno del reinado, como Iosef. Es así que Israel, debido a que observa el Pacto, es digno del reinado. Y se dice de ellos que "Todo Israel son hijos de Reyes" (*Tikuney Zohar* 51a, *Tikún* 15).

*

Todo aquél que guarde la señal del Pacto allí donde ella se encuentra - en la circuncisión, en el Shabat y en las festividades - es protegido por el Santo, bendito sea, no importa dónde esté, y se lo salvaguarda frente a sus enemigos (*Tikuney Zohar* 87a, *Tikún* 21).

*

Cuando la persona guarda el Pacto, que es el sello de Dios, la muerte se aleja de ella (*Tikuney Zohar* 96, *Tikún* 22).

*

Cuando la persona guarda el Pacto, el Santo, bendito sea, le da un hijo del cual está escrito, "Y el Señor Dios hizo brotar todo árbol de agradable aspecto" (Génesis 2:9). Esto se refiere a los secretos de la Torá (*Tikuney Zohar* 51a, *Tikún* 15).

*

La mala inclinación trabaja de la siguiente manera: hoy te dice, "Haz esto". Entonces mañana te dice, "Anda y sirve a los ídolos" (*Nidá* 13b). Y como explica el *Iun Iaacov* (*loc. cit.*), el único motivo de servir a los ídolos es en aras de la inmoralidad, para justificar el accionar lujurioso.

*

"No irán tras sus corazones ni tras sus ojos" (Números 15:39). "Tras sus corazones", se refiere al ateísmo. "Tras sus ojos", se refiere a la inmoralidad sexual (*Berajot* 12b).

*

Dijo el Rabí Eliezer: Está escrito, "Tus manos están llenas de sangre" (Isaías 1:15). Esto se refiere a la gente que se excita con sus manos. Las palabras del precepto, "No cometerás adulterio" (Éxodo 20:13) implica: ni con tu mano ni con tu pie (*Nidá* 13b).

*

Dijo el Rabí Iojanan: Todo aquél que emite su simiente en vano es culpable de la pena de muerte, como está escrito, "Y aquello que hizo fue malo a los ojos del Señor, y Él lo mató" (Génesis 38:10). El Rabí Itzjak y el Rabí Ami dijeron: Es como si fuera un asesino, tal como está escrito, "Matan a los niños junto a los torrentes, en las hendiduras de las peñas" (Isaías 57:5). Dijo el Rabí Asi: Es como si fuese un adorador de ídolos (*Nidá* 13a).

*

Está prohibida la masturbación, y este pecado es más grave que cualquier otro de los pecados de la Torá (*Tur, Shuljan Aruj, Even HaEzer* 23:1).

*

La persona debe cuidarse de no pecar y debe ser muy cuidadosa de sus acciones ante el Santo, bendito sea. Hay muchos mensajeros en este mundo que viajan y van de acá para allá, atestiguando sobre las acciones de los hombres. Todas éstas se registran en un libro. El pecado que más impurifica al hombre, más que cualquier otro, tanto en este mundo como en el Mundo que Viene, es el pecado de la emisión en vano de semen. El hombre que es culpable de esto no entrará detrás de la Cortina Celestial y no pasará ante la presencia del Anciano de Días. "Pues Tú no eres un Dios que se congracia con la maldad: el mal no estará contigo" (Salmos 5:5; *Zohar* I:188 a).

*

Dijo el Rabí Itzjak: Aquel que voluntariamente derrama su simiente, como Er, el hijo de Iehudá, es arrojado al *Guehinom*, más abajo que todos los demás. Todos los otros tienen la posibilidad de ascender, pero él no. ¿Es entonces peor que un asesino? El asesino mata a los hijos de otro hombre, pero él mata a los suyos propios, y derrama mucha sangre (*Ibid.* 219b).

* * *

Anhelo

El significado espiritual del Pacto se encuentra esclarecido en la enseñanza del Rabí Najmán, en el *Likutey Moharán* I, 31. Explica el Rebe que guardar el Pacto hace surgir el *jesed* innato en nosotros, nuestro amor y deseo por Dios. Este *jesed* es la fuerza principal detrás de toda acción positiva, porque, como demuestra el Rabí Najmán, es la fuerza que anima el lenguaje, y el lenguaje tiene el poder de llevar a los hombres hacia la acción. Enseña el Rabí Najmán que las letras de la lengua hebrea, las *otiot*, son los elementos básicos del lenguaje. Pero en sí mismas las letras hebreas son consonantes sin vida que deben ser articuladas por el hombre quien con esto les da vida. Las consonantes sólo pueden ser articuladas por medio de las vocales, las *nekudot*, y éstas se forman a través de *jesed*.

Enseña el Rabí Najmán:

El Pacto implica dos niveles. Uno es cuidar el Pacto, evitando toda inmoralidad. Éste es el "Pacto superior". El otro nivel es la observancia de todas las leyes que implican lo que está prohibido y lo que está permitido. Cada persona debe alcanzar ambos niveles, debe ser un "Tzadik" y un "erudito": un Tzadik en virtud de mantenerse puro y un erudito a través del aprendizaje y la observancia de las regulaciones sobre lo que está prohibido y lo que está permitido. Aquel que logra guardar el Pacto en estos dos niveles es como un ángel del Señor de las Huestes. Alcanzará la fe perfecta y traerá bendiciones y buenas influencias al mundo.

Guardar el Pacto trae una revelación de *jesed*, del amor, del anhelo y del deseo que uno tiene por Dios. El deseo es algo muy valioso. Mediante esto se hacen las almas. Es el deseo (*KiSuFin*) lo que hace las vocales (*nekudot*) para las letras de la Torá (las *otiot*). Así está escrito, "*nekudot haKeSef*" (literalmente "puntos de plata", Cantar de los Cantares 1:11). Las vocales, las *nekudot*, están hechas de *KeSeF*, denotando anhelo. Es mediante el anhelo y el deseo que se hace el alma misma. Así está escrito, "Mi espíritu añora, *NiKhSeFa* y anhela por los atrios de Dios" (Salmos 84:3). Es a partir de mi anhelo por Dios que se hace mi alma. De modo que los puntos o vocales son el espíritu, formados como están a través del anhelo.

Los puntos o vocales son lo que les da vida y movimiento a las letras. Es por esto que están en la categoría del espíritu. Tal como el espíritu le da vida al hombre y es la causa de todos sus movimientos - pues sin él el hombre sería polvo sin vida - del mismo modo las letras no tienen vida ni movimiento si no es a través de las vocales. Son las vocales las que hacen que se muevan, que se unan y formen palabras. Las vocales, las almas, llegan a la existencia a través del anhelo por Dios, y la unión de las letras marca la unión de las almas. A través de la unión de las almas se produce la unión de los cuerpos, de las letras.

Es así que el alma llega a la existencia a través del deseo por Dios, el anhelo y el deseo que uno tiene por alcanzar un nivel superior en el servicio a Dios. Pero el alma se encuentra sólo en potencia. El deseo trae la unión, pues a través de nuestro deseo se crea un deseo recíproco en aquello que anhelamos. Este deseo recíproco también crea un alma; entonces las dos almas se unen. Cuando las dos almas se unen, se forman y nacen hijos. Así es como se forman las almas y son traídas al mundo para actuar y realizar. Todo mediante las vocales que hacemos para las letras, porque las letras de la Torá realizan todo. Ellas son la vida de todas las cosas y gobiernan el mundo entero. Pero sólo tienen el poder de actuar de acuerdo con las vocales, es decir, el deseo. Aquel cuyos deseos son malos crea malas vocales, haciendo que las letras se unan para producir el mal en el mundo. Pero cuando la persona anhela retornar a Dios, se forman buenas vocales y las letras se combinan y se unen para crear el bien en el mundo.

Para traer el alma desde lo potencial hacia la expresión es necesario articular el deseo a través del *habla*. Entonces el alma está completa y emerge desde lo potencial hacia la expresión, tal cual está escrito, "mi alma salió cuando él *habló*" (Cantar de los Cantares 5:6). Y es por esto que debemos expresar nuestros deseos en palabras y decirlos en nuestras plegarias y en nuestra meditación. El pensamiento no es suficiente. Para realizar nuestros anhelos en el mundo práctico debemos utilizar el habla.

(Adaptado del *Kitzur Likutey Moharán* I, 31)

* * *

El ideal del judío

El lenguaje es así el intermediario entre el pensamiento, donde son concebidas las ideas, y la acción, que las lleva a la práctica. En ningún lugar es más grande el poder del lenguaje humano que en la plegaria. A través de ésta el hombre puede transformarse a sí mismo y al mundo. Como fundamento del lenguaje, el Pacto es básico para la plegaria genuina. En la siguiente enseñanza el Rabí Najmán presenta un cuadro de los niveles que es posible alcanzar a través del cuidado del Pacto.

La persona que vive con pureza, cuidando el Pacto, puede enviar palabras de plegaria como flechas arrojadas con un arco. Todo su ser se encuentra imbuido por el espíritu del santo Shabat. Se vuelve completamente libre. Alcanza la comprensión más elevada. Se libera de su cuerpo leproso, la "piel de la serpiente", y es vestido con las vestimentas del Shabat, un cuerpo santo proveniente del Jardín del Edén. Su fortuna se realza. Es bendecido con riquezas y alegría. Todas las pasiones de su corazón son para el bien. La depresión y el cinismo no tienen lugar. Tiene el poder de salir al mundo y de darles vida a aquéllos atrapados en la red de las pasiones degradadas y de los temores irracionales: en su lugar, él les inculca el amor a Dios y el temor al Cielo. La oscuridad es quitada de sus ojos, y éstos se abren para percibir las maravillas que los rodean. Tan grande es su poder que es como si hubiera creado el mundo. Aquellos a quienes enseña aprenden los caminos de la plegaria: sus pedidos y sus súplicas están plenos de significado y de propósitos superiores. Los corazones de los hombres son elevados, y comienza a amanecer la era de Mashíaj. La levadura de la mala inclinación es destruida y en el brillo de la Torá el corazón se enciende con llamas de amor. "Muchas aguas no pueden apagar el amor" (Cantar de los Cantares 8:7). Las "muchas aguas" son los amores degradados y los temores irracionales que tiene la gente. Ahora no tienen poder para extinguir la pasión de su amor por Dios. A la luz de este amor la *Shejiná* extiende sus alas sobre Israel y protege al pueblo judío del poder de los malvados y de las "aguas del diluvio" (cf. *Nidá* 13b). Todo esto se logra guardando el santo Pacto.

(Adaptado del *Likutey Moharán* II, 83;
ver *Consejo*, El Pacto #55)

2

EL REMEDIO GENERAL

El concepto de *tikún*, remedio o rectificación, implica que existe algo que necesita ser rectificado. ¿Qué es lo que viene a remediar el Tikún del Rabí Najmán? Él lo denominó el *Tikún HaKlalí*, el Remedio General. ¿Cuál es el significado de esta idea?

Para comprender esto más plenamente, es necesario considerar el concepto del pecado. Debemos eliminar de nuestras mentes toda connotación que la palabra pecado pueda tener en otras tradiciones culturales. Si el propósito de los preceptos es volvernos hacia Dios y llevarnos más cerca de Él, el pecado produce una separación de Dios. Cada pecado aleja a la persona de Dios de una manera particular, y en la misma medida se le oculta la presencia de Dios. Dado que el objetivo del Pacto es revelar la presencia de Dios, el pecado es un *pegam haBrit*, una brecha en el Pacto. Esto es lo que viene a remediar el *Tikún HaKlalí*.

Lenguaje

El carácter central del lenguaje en la vida humana fue uno de los temas más importantes de las enseñanzas del Rabí Najmán en el capítulo anterior. El hombre es primero y ante todo una criatura de lenguaje. Esto implica más que el mero hecho de que se expresa con palabras. La acción se encuentra unida de manera inextricable con el lenguaje, pues toda acción tiene un significado que puede ser expresado con palabras. También los pensamientos, incluso los más sutiles procesos del pensamiento, siempre entran en nuestra conciencia investidos en el lenguaje. Hemos visto que el lenguaje es el intermediario entre el pensamiento y la acción. Ahora bien, debido al carácter central del lenguaje en nuestras vidas, los conceptos que poseemos tienen una influencia decisiva sobre todo lo que pensamos, decimos o hacemos.

El pecado implica una distorsión del lenguaje, pues el pecado distorsiona la verdad, la verdad de la Torá. Por ejemplo, luego de que Dios Se manifestó en el monte Sinaí, reveló que considerar a cualquier ser como un dios aparte de Él es una negación de Dios y está por lo tanto prohibido. Éste es el segundo mandamiento (Éxodo 20:3). Si la persona va en contra de esta prohibición y adora un ídolo, su aceptación del ídolo es una distorsión de la verdad de las palabras del mandamiento. El pecado es una distorsión del lenguaje. Lo mismo sucede con todas las prohibiciones de la Torá (cf. *Likutey Moharán* 1:4).

Las distorsiones del lenguaje generadas por el pecado reflejan lo alejado de Dios que se encuentra el mundo. Cuanto más lejos está el mundo de Dios, más distante de la Divinidad y de la verdad se vuelve el lenguaje, aunque esto sólo puede ser percibido por aquéllos que se han unido a la verdad. Hay gente que se ha fabricado un mundo en el cual ni una palabra de lo que dicen o escuchan se relaciona con Dios. Pues de toda la plétora de palabras que los rodean, ni una sola parece revelar la Divinidad que está presente en todas las cosas. En lugar de eso, sus oídos y sus bocas están llenas de críticas, de burla, de cinismo y de sarcasmo; el hablar sobre los demás va desde comentarios innecesarios hasta la calumnia; o simplemente palabras vanas sobre todo y todas las cosas.

La enseñanza más importante del Rabí Najmán sobre el *Tikún HaKlalí* se encuentra en el *Likutey Moharán* I, 29. Esta lección fue dada en Shavuot 5566, 23 de mayo de 1806. El concepto del lenguaje constituye el punto inicial de la lección. Pues la manera en que hablan los hombres es una indicación del grado en el cual sus vidas están dedicadas a lo santo.

Enseña el Rebe Najmán:

    No toda palabra es llamada "habla". El habla que no es escuchada o aceptada no es digna de ser llamada "habla", y así está escrito, "No hay habla ni palabras sin que su voz sea *escuchada*" (Salmos 19:4). El que las palabras sean aceptadas o no depende de que contengan *bien*, pues todos quieren el bien. Cuando las palabras contienen bien, el habla es escuchada y aceptada. ¿Cómo ponemos bien en nuestras palabras? Extrayéndolas del ámbito del pensamiento y del intelecto santo, invistiéndolas con *daat*, conocimiento. Entonces el habla contiene bien. El habla sin conocimiento no contiene ningún bien, pues "no es bueno que el alma no tenga conocimiento" (Proverbios 19:2), y es a través del habla que el alma se expresa. Esto lo aprendemos del relato de la creación del hombre. "Y el hombre se volvió un *alma viviente*" (Génesis 2:7). Estas palabras están traducidas en el *Targum* como "el hombre se volvió un *espíritu hablante*", enseñándonos que el habla es el atributo esencial del hombre. ¿Cómo podemos elevar nuestro conocimiento santo? Al escuchar y hablar sobre la grandeza de los Tzadikim. Mediante esto aumentamos nuestro conocimiento santo y así podemos alcanzar el Remedio General de los defectos en la manera en que hablamos.

(*Likutey Moharán* I, 29:1-2)

La polaridad más importante en el lenguaje es la polaridad entre la verdad y la mentira. Para que el lenguaje posea la cualidad de la verdad debe estar en armonía con la verdad de la creación. En este sentido el habla debe ser tomada del *daat*, el verdadero conocimiento. No bien el lenguaje oscurece de alguna manera esta verdad, toma la cualidad de la mentira. Como dice el Rebe Najmán en otra parte (*Likutey Moharán* I, 51): "¡Existe una sola verdad, pero multitud de mentiras! Sólo puedes decir una verdad sobre un objeto en particular, sólo lo que es y nada más. La plata es plata y sólo plata. El oro es oro y sólo oro. Pero las mentiras pueden multiplicarse indefinidamente. La plata puede ser llamada cobre... o estaño... o plomo... o cualquier otro nombre que puedas pensar". Sólo hay una verdad: la verdad de Dios, la verdad de Su existencia y de Su Torá.

Como nos dice el Rebe Najmán, el habla verdadera debe contener *bien*: debe estar informada con nuestro conocimiento de la verdad espiritual de la creación. De este modo el remedio general para los defectos en la forma como hablamos debe comenzar con el aumento de nuestro intelecto, el aumento de nuestro conocimiento santo. ¿Cómo podemos lograr esto? El Rebe Najmán responde diciendo que es a través de escuchar y hablar sobre la grandeza de los Tzadikim. El Tzadik es aquél cuya vida entera está de acuerdo con la verdad y la voluntad de Dios. Alabar al Tzadik lo ubica en su verdadera luz, como un hombre ejemplar, alguien que vive todo su potencial en armonía con la verdad de la existencia. Toda la vida del Tzadik no es otra cosa que alabanza al "Tzadik del Mundo": esto es a Dios, Quien es "recto (*tzadik*) en todos Sus caminos" (Salmos 145:17). Cuanto más aceptamos la verdad de Dios y la grandeza de los Tzadikim, más orientamos nuestra mente hacia la verdad y la elevamos. Así es como podemos corregir los defectos en la manera como hablamos, y así podemos utilizar el regalo del lenguaje como es debido.

Vestimentas

Las vestimentas que utiliza la persona y la manera como las lleva son uno de los indicadores más importantes sobre su personalidad y lo que ha hecho de sí misma. Aparte de sus vestimentas físicas la persona también utiliza vestimentas "espirituales", sus pensamientos, sus palabras y sus acciones. Más que nada, son las cosas que dice lo que nos muestra lo que es. Al expresar su *daat* o intelecto, el habla de la persona revela su esencia interior, su alma. En este sentido el habla es la "vestimenta" del alma, expresándola y revelándola al mundo.

La lección continúa:
> "Que en todo momento tus vestimentas sean blancas" (Eclesiastés 9:8). La perfección del habla se expresa en el concepto de las "vestimentas blancas". Uno debe tener especial cuidado con sus vestimentas y nunca tratarlas con desdén. Es necesario protegerlas apropiadamente y

ocuparse de que no tengan ninguna mancha. Cuanto más grande sea la persona más debe proteger sus vestimentas, pues cuanto más grande es, más estrictamente es juzgada. "Un erudito con una mancha en sus vestimentas es culpable de la pena de muerte" (*Shabat* 113), porque es juzgado más estrictamente... Aquel que trata sus vestimentas con desdén es un rebelde en contra del poder real de Dios. El lenguaje de la persona debe expresar el reinado de Dios: este es el criterio final de la verdad.

Una mancha en las vestimentas produce una brecha entre el Santo, bendito sea, y la Shejiná, y esto les da poder a las fuerzas del mal.

(*Ibid.* 3)

Todo aquello que le quite valor a la verdad es de alguna manera una "mancha en las vestimentas", una indicación de pecado, la negación de la Divinidad. La única verdad es la existencia de Dios, tanto en este mundo como más allá de él. Cuando los hombres utilizan el lenguaje para afirmar y revelar la presencia de Dios, tal como cuando dicen palabras de Torá y de plegaria, tienen el poder de traer la Divinidad hacia el mundo banal en el cual viven, y de este modo la Divinidad "mora" en el mundo. La morada de Dios en el mundo es denominada *Shejiná*, mientras que en Su esencia inescrutable y trascendente Él es denominado el "Santo, bendito sea". El habla verdadera es la revelación de la *Shejiná*, una afirmación de la unidad de Dios, incluso entre la aparente diversidad de Su creación. Pero cuando los hombres pecan y forjan un lenguaje vacío de Divinidad, éste da una imagen del mundo como si poseyera una realidad independiente por sí mismo. De este modo la mentira separa al mundo de su Creador. Y esto es lo que se quiere decir al afirmar que "una mancha en las vestimentas produce una brecha entre el Santo, bendito sea, y la *Shejiná*". El verdadero propósito del mundo es ser una morada para el Creador: su perfección se produce a través de la subordinación a Dios. Pero cuando los hombres niegan el reinado de Dios les dan fuerzas a aquellos aspectos del mundo que oscurecen la Divinidad.

Limpieza

Cada una de las prendas individuales que utiliza la persona son parte de un todo que cubre su cuerpo. Esto se debe a que el cuerpo es en sí mismo una unidad. El cuerpo está compuesto por muchos miembros, huesos y tendones, etcétera, pero todos son parte de una totalidad orgánica. Lo mismo sucede con las vestimentas espirituales de la persona, con sus pensamientos, sus palabras y sus acciones. Nadie es meramente una colección de pensamientos no relacionados, de palabras y de acciones desconectadas. Toda la personalidad es una entidad, enraizada en el alma. Y al igual que el cuerpo, el alma tiene sus propios componentes, "miembros, huesos y tendones espirituales".

Si las "vestimentas" del alma están sucias, ¿cómo pueden limpiarse?

Los pecados son muchos. Corregir cada uno individualmente es una tarea muy onerosa. Es imposible enmendarlos a todos y rectificarlo todo. Hasta una simple prohibición contiene muchos detalles pequeños. Hay trescientas sesenta y cinco prohibiciones en la Torá correspondientes a los trescientos sesenta y cinco tendones (*GuiDim*) del cuerpo. Debemos rectificar el conjunto de tendones como un todo. Esto lo hacemos a través del *Tikún HaBrit*, fortaleciendo el Pacto. Está escrito sobre el Pacto, "Y Él te declaró (*vaiaGueD*) Su Pacto" (Deuteronomio 4:13). La palabra hebrea *vaiaGueD* contiene una alusión al hecho de que el Pacto incluye todos los tendones (*GuiDim*) dado que es el fundamento de toda la Torá, y de esta manera incluye la observancia de todas sus prohibiciones. Por lo tanto, guardar el Pacto es el remedio para todas las transgresiones.

El divino nombre de *Shadai* (pronunciado por respeto *Shakai*) alude al Pacto porque a través de él Dios arroja (*shadi*) limpieza y curación como flechas hacia todos los lugares necesarios, incluso los más estrechos y restringidos. Hay lugares tan estrechos y angostos que ningún remedio puede entrar excepto el *Tikún HaKlalí*, el Remedio General. Sólo esto tiene el poder de llevar la limpieza y la curación a tales lugares. Está escrito, "Y el Todopoderoso (*Shadai*) será tu tesoro (*beTZaReja*)" (Job 22:25). *BeTZaReja* connota el significado de "en tus lugares estrechos". La limpieza (*Shadai*) penetrará incluso en los lugares más estrechos.

Mediante el Remedio General, observando y fortaleciendo el Pacto, se realza el intelecto. Alcanzar el verdadero conocimiento depende de la observancia del Pacto. El Pacto es el fundamento de la cercanía del pueblo judío con su Padre en el Cielo.

(*Ibid.* 4)

Caridad: Elevando lo Material

Cuando la persona le da prioridad a la existencia material, la Divinidad se le oculta y el mundo material, interior y exterior, parece tener una existencia autónoma, imponiendo sus propios dictados. El pecador queda sujeto a estos dictados, así sean los requerimientos de su cuerpo o las condiciones materiales que lo rodean. Es incapaz de darle al mundo objetivos espirituales y hacer que cumpla con su verdadero destino.

Guardar el Pacto es así la clave para alcanzar un sustento sin dificultades. De lo contrario, la persona deberá trabajar muy duro para ganarse la vida. (Esto se debe a que la persona está sujeta a los dictados del mundo material, que se transforman en un azote para castigarla, cf. *Likutey Moharán* I, 22:4). Pero al cuidar el Pacto su sustento le llega como el *maná*, el pan del Cielo. (Confiar en Dios y sólo esperar en Él para todas nuestras necesidades crea un recipiente con el cual acoger Sus bendiciones. Todo lo que uno necesita le es enviado en su momento apropiado, cf. *Likutey Moharán* I, 76).

Una de las rupturas más graves del Pacto se produce cuando la persona es deshonesta en sus transacciones comerciales. Al estar plagada del deseo por el dinero está dispuesta incluso a robar. Esto produce nuevamente una brecha entre el Santo, bendito sea, y la *Shejiná*. El sustento de esta persona nunca le llegará con facilidad. Uno debe ganarse la vida recordando que cada paso que da y cada palabra que dice tiene como único propósito el dar caridad a partir de sus ingresos. Éste es el Remedio General con respecto a ganarse la vida. Pues la caridad abarca a todos los tendones del cuerpo, si así pudiera decirse. (La persona pone toda su vida y su energía en ganarse el sustento. El dinero que da contiene su vida misma). De esta manera dar caridad es una manera de elevar todos sus tendones.

(Ibid. 5)

Cuando la persona entrega parte de su ingreso para caridad, eleva todos sus asuntos materiales. La caridad es la porción elegida de aquello que obtiene. Al entregarla demuestra que su objetivo principal al ganar el dinero es lo espiritual. Todos sus asuntos materiales son dirigidos por lo tanto en esa dirección.

El Remedio General

Dar caridad muestra así una orientación nueva y más verdadera del mundo material, mientras que la alabanza de los *Tzadikim* le da una nueva orientación al lenguaje. La caridad y la alabanza de los *Tzadikim* son aspectos del *Tikún HaKlalí*, del Remedio General:

> Cada cosa individual sólo puede ser rectificada a través del Remedio General según se le aplica. El Remedio General actúa primero elevando y realzando la mente y el intelecto para de este modo traer desde ellos la limpieza para rectificar todas las faltas.
>
> El Remedio General debe ser ejecutado primero; entonces todos los detalles individuales se arreglarán por sí mismos. Es posible que el Remedio General sea más elevado y más exaltado que el remedio individual

para cada detalle. Sin embargo, el remedio de cada uno depende de hacer descender la limpieza desde el intelecto y la mente. La mente sólo puede ser elevada a través del Remedio General. Es por esto que primero es necesario ir al nivel más elevado, el nivel del Remedio General, para así rectificar y elevar la mente. Entonces todo lo demás será reparado de por sí.

(*Ibid.* 6)

Con esta idea el Rabí Najmán concluye su lección sobre el *Tikún HaKlalí*, el Remedio General, mostrando que es la manera de reparar el daño causado por todos los pecados..

3

LOS DIEZ SALMOS

En el capítulo anterior hemos visto que el *Tikún HaKlalí* es la clave para enmendar todos los pecados. El Rabí Najmán trató el concepto general del *Tikún HaKlalí* mucho antes de revelar cuáles eran los diez salmos que componían su Tikún. Esto lo haría cerca del final de su vida, (ver más adelante cap. 4, *La Promesa*). Su lección general sobre el *Tikún HaKlalí*, en el *Likutey Moharán* I, 29, tratada en el capítulo previo, fue dada varios años antes, en Shavuot de 1806.

En ese momento los diez salmos que componían el Tikún aún se mantenían en secreto. Pero el concepto de recitar diez salmos, cualquiera de ellos, como un remedio, ya era conocido. El Rebe Najmán había hablado sobre esta idea un año antes, en 1805, cuando dio la lección en el *Likutey Moharán* I, 205 (ver adelante). Aquí enseña que el recitado de diez salmos, cualesquiera que sean, es un remedio para el *keri*. La palabra hebrea significa una "ocurrencia fortuita" y es utilizada en la literatura rabínica para referirse a una emisión de semen involuntaria, durante la noche.

Cinco años después, cuando el Rebe Najmán reveló cuáles eran los diez salmos que componían su Tikún, los denominó el *Tikún HaKlalí*, dejando en claro que ellos contenían el remedio general para todos los pecados. Pero nuevamente introdujo su discurso refiriéndose a los salmos como el tikún para el *keri*.

¿Por qué el concepto de *keri* figura de manera tan prominente en las enseñanzas del Rabí Najmán sobre el *Tikún HaKlalí*?

Para comprender esto, es necesario apreciar la suprema importancia de la pureza sexual en las enseñanzas judías. No hay fundamento más grande de la santidad judía y en verdad de la supervivencia judía a través de las épocas. A lo largo del Talmud, del Zohar y del Midrash, los sabios reafirman la importancia de la pureza, repudiando la inmoralidad. La marca misma del Pacto es un símbolo que llama al hombre a la contención, a canalizar sus poderes para el bien. En verdad, a los ojos de los sabios, el concepto del Pacto se identifica virtualmente con el mantenimiento de la pureza sexual.

Con respecto al *keri*, el Rabí Najmán era bien consciente que ello podía suceder de manera puramente accidental. Puede ser causado meramente por ingerir ciertas comidas o por dormir en una mala posición. Pero otras veces el individuo mismo es responsable. Puede haberse estimulado permitiéndose pensamientos de sexualidad y fantasías durante el día. En este caso existe una dimensión espiritual correspondiente a la emisión física durante la noche. Esta persona ha permitido que entrase una distorsión en su relación con su sexualidad, la que en realidad debería ser tratada con la mayor santidad. Esta distorsión es en sí misma un *pegam haBrit*, una brecha en el Pacto, que es lo que viene a remediar el *Tikún HaKlalí*.

Pero, ¿cuál es la conexión entre la pérdida física de semen y el recitado de los diez salmos? ¿De qué manera pueden ser ellos un *remedio*? Veamos primero la lección original del Rabí Najmán sobre los diez salmos como un remedio para el *keri*. Luego tomaremos algunos de los temas principales y los trataremos con mayor detalle.

Enseñó el Rebe Najmán:

Cuando la persona experimenta una polución nocturna, el *tikún*, el remedio, es recitar diez salmos el mismo día en que sucedió. Recitar salmos tiene el poder del liberar a la simiente de la *klipá*, de la fuerza del mal que la ha capturado.

La palabra hebrea para Salmos, *Tehilim*, tiene el valor numérico de 485. Éste es exactamente el mismo valor que el de *Lilit*, que es el nombre dado a la fuerza del mal encargada de la *klipá*.

La *guematria* de *Tehilim* y de *Lilit* (más cinco unidades por cada una de las cinco letras) es:

Tav	ת	400		*Lamed*	ל	30
Hei	ה	5		*Iud*	י	10
Lamed	ל	30		*Lamed*	ל	30
Iud	י	10		*Iud*	י	10
Mem	מ	40		*Tav*	ת	400
		———				___5
		485				485

Al recitar los salmos, uno debe tener en mente que la palabra *Tehilim* corresponde numéricamente a los dos nombres divinos *El* y *Elohim*. El cálculo se logra a través de un método de escribir cada una de las letras de los dos nombres tal como se deletrea y sumarle luego el valor de todas las letras resultantes. *El* (אל) está compuesto de *Alef* (*Alef*, 1 + *Lamed*, 30 + *Pé*, 80 = 111) y *Lamed* (*Lamed*, 30 + *Mem*, 40 + *Dalet*, 4 = 74) totalizando 185. *Elohim* (אלהים) es *Alef* (111), *Lamed* (74), *Hei* (*Hei*, 5 + *Iud*, 10 = 15), *Iud* (*Iud*, 10 + *Vav*, 6 + *Dalet*, 4 = 20) y *Mem* (*Mem*, 40 + *Mem*, 40 = 80) totalizando 300. Juntos los dos nombres dan 485.

Estos dos nombres tienen el poder de liberar a la simiente de la *klipá*. Pues la simiente encarna los atributos divinos de *Jesed*, amor, y de *Guevurá*, fuerza, ya que ella contiene el poder del fuego y del agua, del calor y del líquido, que corresponden al amor y a la fuerza. Los dos nombres *El* y *Elohim* se refieren respectivamente a *Jesed* y a *Guevurá*. De este modo tienen el poder de liberar a la simiente de la *klipá*. Uno debe tener esto en mente al recitar los salmos.

El motivo por el cual es necesario recitar los diez salmos es que hay diez clases de canciones correspondientes a las diez expresiones de canción y alabanza sobre las cuales se basa el libro de los Salmos (ver *Pesajim* 117a;

Tikuney Zohar 13). Éstas son: *Ashrei, Lamenatzeaj, Maskil, Haleluiá*, etc. (ver Rashi sobre *Pesajim* 117a). Cada una de estas expresiones tiene el poder de anular la fuerza de la *klipá* pues cada una de ellas es el opuesto directo de la *klipá*. La fuerza principal de la *klipá* reside en dañar la visión de la gente. Esto lo aprendemos de los versículos bíblicos "y sus ojos se oscurecieron de modo que no podía ver" (Génesis 27:1) y "Haya luces" (Génesis 1:16). En el rollo de la Torá, la palabra hebrea para luces, *meorot*, está escrita con una sola letra *vav*, en lugar de las dos usuales, y puede llevar a interpretarla como "maldición". Los sabios comentaron que ésta es una alusión a *Lilit* (*Tikuney Zohar* 44). Dado que la fuerza principal de la *klipá* yace en dañar el poder de la visión de la gente, *Ashrei*, la primera expresión de alabanza, que tiene la connotación de visión, es el opuesto directo de la *klipá*.

Con respecto a la expresión *MaSKiL*, la klipá *MeShaKel*, "deja sin hijos". La *klipá* daña y estropea, *MaSKiL*, que significa hacer sabio, la contrarresta. La fuente del poder de la *klipá* para hacer que la persona peque y experimente una polución nocturna deriva del "lenguaje del *Targum*" (la traducción de la Torá al arameo). Encontramos en el Talmud el concepto de "aquel que es sabio, *MaSKiL*, por escuchar traducciones". En tal caso, el bien y el mal están mezclados: a veces *MeShaKel* y otras *MaSKiL*.

De manera similar, *Haleluiá*, que es una expresión de alabanza y de alegría, contrarresta el clamor y el aullido - *Ialalá* - que le da a la *klipá* el nombre de *Lilit*, debido a su constante aullar. (El Rabí Najmán no explicó las restantes siete expresiones de canción y alabanza sobre la cual se basa el libro de Salmos; ver más adelante cap. 5, *Parparaot LeJojmá*, para una tratamiento completo).

La simiente proviene de *Daat*, el conocimiento, que es la fuente de *Jesed* y de *Guevurá*. (Arriba se explicó que la simiente encarna a *Jesed* y a *Guevurá*). *Daat* consiste de cinco *Jasadim* y de cinco *Guevurot*, tal cual está explicado en la Kabalá. Éste es el motivo por el cual es necesario decir los diez salmos. El Salmo treinta y dos comienza con las palabras *"LeDavid Maskil: Ashrei Nesui Pesha - Una canción sabia de David. Feliz de aquél cuya transgresión ha sido perdonada".* Las letras iniciales de las tres primeras palabras hebreas luego de la introducción, *Ashrei Nesui Pesha*, componen la raíz *NaAF*, que denota inmoralidad. La fuerza de la inmoralidad es aplastada por medio de *"LeDavid Maskil"*, es decir de los Salmos.

(*Likutey Moharán* I, 205)

Comentario:

En ningún otro lugar se revela más magníficamente la grandeza de Dios que en la creación de la vida. En el acto de procreación, el hombre se transforma en un socio de Dios. Es un papel privilegiado, y por este motivo cada detalle del acto de procreación debe estar investido de suprema reverencia y pureza. Las fuerzas implicadas son muy poderosas. Por lo tanto Dios nos ha limitado con un Pacto que nos obliga a actuar con restricción y santidad. La marca del Pacto es una señal del favor que Dios nos ha mostrado al designarnos como Sus socios.

Alegría

Es algo muy valioso cuando el hombre domina sus impulsos físicos dentro de la armonía de una vida fundada sobre la guía de la Torá. Entonces la unión de marido y mujer se vuelve una expresión sublime del amor del uno por el otro, un amor profundizado por su mutuo amor a Dios. Sus vidas conforman una sociedad con Dios. Toda la vitalidad de sus almas está entregada al trabajo de la creación y de la construcción, cumpliendo los mandamientos de Dios.

La clave para este concepto de la vida es la alegría. Cuanto más se profundiza nuestra fe en Dios más comprendemos que la Divinidad se encuentra en todas las cosas. Aprendemos que todo lo que hacemos tiene un significado especial tanto para nuestro propio crecimiento espiritual como para el proceso general a través del cual Dios Se revela a Su creación. Si comprendemos el lugar privilegiado que nosotros, como judíos, tenemos dentro de este esquema, podremos llenarnos de alegría con todo lo que hagamos. No importa lo que Dios nos envíe, sabemos que es para bien, incluso si no comprendemos cómo. La alegría nos da la fuerza para continuar avanzando en nuestro sendero espiritual.

Pero las fuerzas conectadas con la sexualidad tienen un doble filo. Porque cuando se les permite separarse de su verdadero propósito pueden llevar a la gente hacia terribles formas de degradación. El propósito del acto sexual es la creación de la vida. Llevarlo a cabo puramente en aras de la gratificación demuestra un sordo desprecio por el valor de la vida. La gente que actúa de esta manera puede dar la impresión de estar buscando la cercanía con otra persona. Pero en realidad están buscando una situación en la cual sólo se verán gratificados sus propios deseos.

Depresión

Aun así, incluso cuando se alcanza la gratificación, ésta nunca puede ser verdaderamente satisfactoria. Porque lo que realmente empuja al individuo es una corrosiva insatisfacción consigo mismo, un sentido de depresión y de frustración causado por la conciencia profunda de que no está haciendo lo que es voluntad de Dios. Sin lograrlo, busca el solaz en los placeres superficiales, cosa que lo hace sentir más frustrado aún, hundiéndolo cada vez más. Así es como la inútil búsqueda de gratificación se vuelve tan compulsiva, dominando todos los pensamientos de la persona, su habla y sus acciones. Todo el complejo puede estar enterrado bajo la superficie brillante de la "satisfacción". Pero debido a que no cumple realmente su papel en el esquema de las cosas, se encuentra lejos de experimentar una alegría genuina. Dios se mantiene oculto.

El objetivo de Dios al ocultarse es alentar al hombre a que Lo busque, y de esta manera se desarrolle y se fortalezca en el proceso. El objetivo de Dios es que el hombre gane a través de sus propios esfuerzos su cercanía a Él, que es el verdadero bien. Con ese fin Dios le dio al hombre la libertad de elección y lo colocó en un mundo que contiene tanto bien como mal. En este mundo, la opción de hacer el bien es raramente obvia y definida. La misión del hombre es distinguir entre el bien y el mal y mediante un acto de voluntad elegir el bien. Ahora bien, dado que lo que es bueno y que aspira a Dios tiene que ser menos obvio, es necesario que la Divinidad esté oculta.

Los sabios de la Torá han expresado esta idea del ocultamiento de la Divinidad mediante la imagen de una fruta, en la cual la dulce pulpa interior está cubierta por una dura cáscara externa, en hebreo una *klipá* (cf. *Zohar* I, 19b). El mal sobrevuela cerca del lugar del bien, y debe ser retirado y descartado para que el bien pueda revelarse. Tal como existen muchos y diferentes aspectos de la Divinidad, también existen muchos y diferentes grados de *klipot*. Por ejemplo, al comer, la persona puede derivar la vitalidad que toma de su alimento hacia las actividades santas, el cumplimiento de las mitzvot, el estudio de la Torá, ganar dinero para dar caridad, etc. O, por el contrario, puede alejarse de estos propósitos si, por ejemplo, se preocupa en demasía por disfrutar de la comida, incluso a expensas de su salud. En este caso su deseo por algo secundario, el sabor de la comida, será transformado en una *klipá* que le obstruye su verdadero objetivo como judío. Si se deja llevar por el deseo hasta que éste se vuelve un hábito y siente que no puede vivir sin satisfacerlo, le ha dado parte de su misma fuerza vital al poder de la *klipá*.

Las *klipot* existen en todo el ámbito de las actividades humanas, en la forma de todas las tentaciones, obstáculos, ideas equivocadas, confusiones, etcétera, que pueden distraer al hombre de su misión. Las más fuertes de todas son las *klipot* conectadas con el ámbito de la sexualidad, que tienen el poder de ocultar completamente de la conciencia de los hombres su verdadero significado. En lugar de cumplir el papel que Dios les dio en su grandeza y belleza, se ven distraídos por lo secundario, lo superficial y lo inmediato. Es peligrosamente fácil quedar cautivo en el síndrome cíclico de la gratificación superficial, la frustración y la depresión. Los sabios de la Torá, que tenían una profunda percepción de la psicología humana, enseñaron que el nombre de la *klipá* que se encuentra en el corazón de este síndrome es לילית, *Lilit*. Como hemos visto, una de las acepciones del significado de este nombre alude a un lamento, *ialalá*, el gemido del dolor, de la depresión y de la desesperación. La persona que está a merced de sus fantasías y de sus deseos y que va tras ellos dondequiera que lo lleven, puede decirse que realmente está cautiva de la *klipá*. Su fuerza se vuelca cada vez más a patrones destructivos, y de este modo se ve minada la fuente de su energía, su alma vital.

El Remedio

A veces es relativamente fácil identificar a la *klipá* por lo que ella es y hacer el esfuerzo de voluntad para resistirla. Pero otras veces la *klipá* puede parecer tan dura e inextricable que la persona puede, en su debilidad, imaginar que la única realidad es la *klipá*. Ésta puede imponerse sobre su conciencia con tanta fuerza, en la forma de intensos deseos, confusiones, obstáculos infranqueables, etcétera, que la persona es incapaz de ver que la *klipá* no es más que un instrumento creado por Dios con el propósito de colocar al hombre en una situación de elección. Pero por más irresistible que pueda parecer el poder de la *klipá*, en última instancia se encuentra subordinado al supremo poder de Dios. Por ende, el remedio es fortalecer nuestra conciencia de que todo lo que existe fue creado por Dios. En Su amor y fortaleza Él siempre está cerca para liberarnos de las presiones y de los problemas que nos rodean. Aun cuando la persona se ve abrumada por la tentación de elegir el mal, el deseo de Dios no es castigarla sino permitirle retornar a sus cabales y elegir lo que es verdaderamente mejor para ella.

Cuando la persona reconoce que ha entregado parte de su fuerza vital a las *klipot*, el primer paso es aceptar este error por lo que es en verdad. En el momento de su mala acción puede haber estado tan abrumada por la intensidad de su deseo que llegó a simular que lo que hizo estaba permitido. Puede haber cometido el error de suponer que, por sí misma, la *klipá* tiene un poder independiente. Ahora, al confesarse, reconoce que lo que hizo siempre estuvo prohibido por Dios. De esta manera ha "retornado el reinado a Dios", y ha vuelto a ser consciente de Su poder primordial.

La confesión y el reconocimiento con palabras son muy importantes, pues el hombre es fundamentalmente una criatura de lenguaje (ver arriba cap. 2, *Lenguaje*). El lenguaje puede revelar u ocultar. Incluso en el más simple de los niveles, podemos decir que una copa esta medio llena o medio vacía. Sea lo que fuere que digamos sobre la vida y sus situaciones, las palabras que utilizamos expresan un completo sistema de creencias y de puntos de vista. Podemos hablar de una manera que muestre cómo la vida entera, con todos sus detalles, es una búsqueda para revelar la Divinidad. O podemos tratar de ocultar el hecho detrás de una fachada de ideologías, de justificaciones y de falsas explicaciones tan complicadas que es casi imposible identificar la mentira sobre la cual se ha construido todo el edificio.

Si hemos de vivir la vida como es debido, debemos poner en orden nuestras ideas y por lo tanto nuestro lenguaje: conocer las verdades de nuestra existencia y de nuestra condición, y saber que todo en nuestras vidas ha sido enviado por Dios. De modo que incluso cuando las cosas están oscuras y parece que estamos rodeados por la confusión, la frustración, los obstáculos y las amenazas, Dios está con nosotros, Él es Quien ha enviado la situación y Él es Quien nos sacará de ella.

La Lengua Santa

La palabra hebrea para Salmos, Tehilim, tiene el valor numérico de 485, que es equivalente al de Lilit, el nombre del mal espíritu designado sobre la klipá que captura la simiente. Al recitar los salmos uno debe tener en mente que la palabra Tehilim, numéricamente 485, corresponde a los dos nombres divinos El y Elohim. Estos dos nombres tienen el poder de liberar a la simiente de la klipá. La simiente encarna los atributos divinos de Jesed, amor, y de Guevurá, la fuerza, porque la simiente tiene el poder del fuego y del agua, del calor y del líquido, y éstos corresponden al amor y a la fuerza. Mediante los dos nombres El y Elohim, que hacen referencia a Jesed y a Guevurá respectivamente y que son el equivalente de Tehilim, la simiente es liberada de allí.

Los sabios de la Torá dicen que el mundo fue creado a través de las letras de la Lengua Santa. Una de las implicancias de esto es que todas las realidades de nuestra existencia están contenidas en verdad dentro de las palabras del lenguaje hebreo y de las letras que lo conforman. No es que el lenguaje refleje meramente una realidad preexistente. El lenguaje posee de hecho y por sí mismo, poderes creativos. Por esta razón la Lengua Santa expresa la sabiduría del Creador y el diseño que Él ha determinado como patrón para toda la creación. Este diseño es visible en la misma perfección de la Lengua Santa, donde las relaciones entre los conceptos pueden ser ilustradas numéricamente por medio de la *guematria*. Aunque hay varios métodos diferentes de *guematria*, ninguno de ellos es arbitrario. Sólo un erudito puede extraer conclusiones válidas mediante una profunda comprensión del lenguaje hebreo y de los niveles místicos de la Torá (ver *Sabiduría y Enseñanzas del Rabí Najmán de Breslov* 203).

En la lección sobre los Diez Salmos, el Rabí Najmán muestra que incluso aunque la *klipá Lilit* puede parecer a veces tan poderosa que toma la apariencia de una fuerza independiente que captura la simiente, en realidad este poder puede ser anulado por la contraparte de la *klipá* en el ámbito de la santidad. Ésta es la santidad plasmada en los Salmos. El modo en que uno se contrapone al otro se hace evidente al mostrar que el valor numérico de las dos palabras es idéntico. El Rebe Najmán llama la atención sobre las poderosas fuerzas comprometidas en la sexualidad al mencionar que la simiente encarna los atributos divinos de *Jesed* y de *Guevurá*, del amor y de la fuerza. En verdad son el amor y la fuerza de Dios los que tienen el poder de liberar al hombre de la garra de la *klipá*, algo que queda ilustrado al demostrar cómo la palabra *Tehilim* es numéricamente equivalente a los nombres de Dios que expresan estos dos aspectos, *El* y *Elohim*.

La Canción

Todas nuestras actividades están gobernadas por el lenguaje, y para remediar los problemas de nuestra vida debemos poner en orden nuestro lenguaje y nuestras ideas. Esto no quiere decir que el proceso sea puramente intelectual. Es un proceso en el cual el hombre debe trabajar sobre todos los diferentes niveles de su ser, espirituales, intelectuales, emocionales, instintivos, etc. Debe recurrir a todos los poderes de su alma para trabajar sobre sí mismo y transformarse. Y la canción es el lenguaje del alma.

Sabemos intuitivamente del gran poder de la canción para movilizarnos hasta lo más profundo. La grandeza de un cantante es la medida de su poder para comunicarse con el rango más amplio de hombres y mujeres y de penetrar hasta las profundidades más ocultas de sus almas y despertarlos. Es en este sentido que el rey David es llamado el "dulce cantor de Israel" (Samuel II, 23:1). El Tzadik tiene el poder de ver dentro del alma de todos los judíos, (ver *Sabiduría y Enseñanzas del Rabí Najmán de Breslov* 185), de percibir la depresión y las frustraciones causadas por el exilio, el exilio físico en tierras extrañas y el exilio espiritual en las garras de la lujuria, del deseo y de lo inútil.

Y más aún, el Tzadik tiene el poder de penetrar incluso más allá de todo esto, hasta la chispa vital, el "punto bueno" que es en sí mismo la víctima de este exilio (ver *Azamra* en el volumen *Cuatro Lecciones del Rabí Najmán de Breslov*). El Tzadik tiene la habilidad de comunicarse con esta chispa y despertarla. Las palabras de su canción son palabras de verdad, que miran de frente las realidades de la vida y muestran cómo éstas están plenas de bondad y de esperanza.

Las Diez Clases de Canciones

El motivo por el cual es necesario recitar los diez salmos es que hay diez clases de canciones correspondientes a las diez expresiones de canción y alabanza sobre las cuales se basa el libro de los Salmos (ver Pesajim 117a; Tikuney Zohar 13). Estas son: Ashrei, Lamenatzeaj, Maskil, Haleluiá, etc. (ver Rashi sobre Pesajim 117a). Cada una de estas expresiones tiene el poder de anular la fuerza de la klipá pues cada una de ellas es el opuesto directo de la klipá. La fuerza principal de la klipá reside en dañar la visión de la gente. Esto lo aprendemos de los versículos bíblicos "y sus ojos se oscurecieron de modo que no podía ver" (Génesis 27:1) y "Haya luces" (Génesis 1:16). En el rollo de la Torá, la palabra hebrea para luces, meorot, está escrita con una sola letra vav, en lugar de las dos usuales, y puede llevar a interpretarla como "maldición". Los

sabios comentaron que ésta es una alusión a Lilit *(*Tikuney
Zohar *44). Dado que la fuerza principal de la* klipá *reside
en dañar el poder de la visión de la gente,* Ashrei, *la primera
expresión de alabanza, que tiene la connotación de visión,
es el opuesto directo de la* klipá. *Con respecto a la expresión*
MaSKiL, *la* klipá MeShaKel, *"deja sin hijos". La* klipá *daña y
estropea.* MaSKiL, *que significa hacer sabio, la contrarresta.
La fuente del poder de la* klipá *para hacer que la persona
peque y experimente una polución nocturna deriva del
"lenguaje del* Targum*" (la traducción de la Torá al arameo).
Encontramos en el Talmud el concepto de "aquel que es sabio,*
MaSKiL, *por escuchar traducciones". En tal caso, el bien y el
mal están mezclados: a veces* MeShaKel *y otras* MaSKiL. *De
manera similar,* Haleluiá, *que es una expresión de alabanza y
de alegría, contrarresta el clamor y el aullido -* Ialalá *- que le
da a la* klipá *el nombre de* Lilit, *debido a su constante aullar.*

En esta sección de la lección, el Rebe Najmán explica cómo
es que las diez clases de canciones mencionadas en el Talmud
tienen el poder de conquistar las fuerzas de la depresión. Hay
ciertas debilidades fundamentales a las cuales son susceptibles
los hombres como parte de su condición humana. Estas
debilidades están enraizadas en las *klipot*. Pero cada una de las
clases de canciones tiene el poder de enfrentar cada una de estas
debilidades, con aquello que es, si así pudiera decirse, su opuesto
numérico en el ámbito de las *klipot*. Mediante los Diez Salmos,
que expresan las diez clases de canciones, se canaliza el poder
espiritual enraizado en el ámbito de la santidad para contrarrestar
el poder de las fuerzas del mal.

De este modo, la palabra *Ashrei*, que comúnmente se
traduce como "Feliz", tiene una connotación de visión y de
percepción. (*Ashrei* está relacionado con la raíz hebrea *shur*, que
significa "viajar alrededor", "mirar alrededor" y "visión", etc.). El
Rabí Najmán indica que el poder más importante de la *klipá*
proviene de la distorsión de la visión de los hombres. Cuando no
percibimos la unidad que subyace la aparente diversidad de este
mundo nos dejamos engañar por el mundo. Cuando estamos
ciegos al modo en el que todas las cosas apuntan hacia una fuente
y hacia un propósito común, inevitablemente nos desconectamos

de esa Fuente. Pero la verdadera alegría deriva sólo de allí. Si debido a la depresión buscamos solaz en lo superficial, en la "gratificación" inmediata y en la búsqueda de "soluciones" fáciles, etcétera, les damos nuestra fuerza vital a los poderes que nunca nos pueden conducir a una verdadera plenitud.

El remedio es corregir nuestra falla en la visión y lograr un desplazamiento en la percepción que nos permita comprender la real naturaleza y el propósito del mundo en el cual vivimos. La única manera de alcanzar la verdadera felicidad, de estar *Ashrei*, es corregir nuestra visión y percepción del mundo.

El hombre fue colocado en un mundo en el cual el bien se encuentra entremezclado con el mal. Debe *interpretar* su entorno para elegir cómo responder. Es revelador el hecho de que la palabra *Maskil* tiene dos significados contradictorios dependiendo de la manera en la cual se vocalice. Las consonantes que componen la raíz hebrea pueden leerse como *MaSKiL*, que significa "ser sabio". O pueden leerse como *MeShaKeL*, que significa "producir un aborto", "dejar sin hijos". Dado que las palabras hebreas se escriben usualmente sin los puntos vocales, depende del lector *interpretar* el correcto significado a partir del contexto.

Rashi comenta sobre el Salmo 32:1 que los sabios dicen que todo Salmo que comienza con la palabra *Maskil* fue "dicho a través de un intérprete". De esta manera podía llegar al nivel en la cual la gente lo comprendería. Pero el proceso de interpretación o de traducción no carece de peligros. Siempre existe el riesgo de *mal* interpretar o de traducir *mal*. Es posible apartarse mucho del verdadero objetivo e incluso llegar al desastre.

Si nos hacemos expertos en la interpretación de las cosas que nos suceden en la vida podremos beneficiarnos enormemente de este mundo. Podremos comprender el verdadero significado de sus pruebas y desafíos y sabremos qué elegir y qué rechazar. No seremos engañados por las tentaciones. E incluso si sufrimos, comprenderemos que todos nuestros problemas nos son enviados por Dios para nuestro propio bien y no nos quejaremos. Saber cómo interpretar el mundo que nos rodea es ser sabio. El libro de Proverbios (19:14) habla de la *isha MaSKeLeT*, de la mujer sabia, una referencia a la chispa de Divinidad dentro de nosotros que es la fuente de nuestra inteligencia divina. Pero esta misma palabra puede también leerse como *isha MeShaKeLeT*, una mujer destructiva que produce aborto y muerte. Puede ser muy peligroso confundir el verdadero significado de este mundo aceptando la tentación como si ella pudiera llevar a la satisfacción genuina, escapándonos de la más pequeña dificultad como si pudiéramos hallar solaz en la mentira. En este caso la *klipá* que se encuentra en la raíz de esta mala interpretación es *MeShaKeLeT*: puede dejar a la gente tanto física como espiritualmente dañada y sin hijos.

La palabra *Haleluiá* es la expresión más completa de alabanza y de agradecimiento a Dios. La culminación del libro de Salmos en su último capítulo es una resonante sucesión de alabanzas. "Que toda alma alabe a Dios. *Haleluiá*". Toda la existencia Le canta a Dios. La revelación es total y completa. No hay lugar en el cual la presencia de Dios se mantenga oculta. Finalmente las fuerzas de las *klipot* han sido completamente vencidas. En verdad la alegría más grande de todas es la alegría que emerge de la oscuridad y de la desesperación.

La voz de la *klipá*, que nubla el brillo de Dios con un velo de oscuridad es *ialalá*: un aullido de dolor y de desesperación. Es un clamor que a veces podemos escuchar con un efecto escalofriante surgiendo de los labios de los hombres. Otras veces, el clamor está ahogado. La gente ya no puede llorar más. Las palabras se traban en la garganta. Pero en el futuro, cuando el triunfo de la Divinidad sea completo, el *IaLaLá* de la *klipá* se transformará en *HaLelí*, alabanza.

También es posible demostrar que cada una de las otras expresiones de canción tiene el poder de contrarrestar uno de los aspectos de las *klipot* que arroja a los hombres en la desesperación y en la falta de esperanza. La depresión es la enfermedad fundamental del alma. Es la fuente de la desesperación que lleva a la gente al pecado. Cada pecado individual es una herida en el alma que tiene su propio y particular remedio. Pero las llagas individuales son en verdad síntomas de una enfermedad mucho más profunda. Si ésta puede ser curada, eso le devolverá la salud a la totalidad. El remedio reside en la alegría de un alma que Le canta alabanzas a Dios. Éste es el Remedio General.

4

LA PROMESA

Escribe el Rabí Natán:

Yo no me encontraba con el Rebe cuando reveló por primera vez el concepto que se analiza en la lección 205. Pero Dios estaba conmigo y llegué poco tiempo después, pudiendo escuchar toda la lección, recontada por uno de sus discípulos, exactamente como la enseñara el Rebe. Tuve la posibilidad entonces de hablar de ella con el Rebe mismo, quien la repasó para mí tal como aparece en el *Likutey Moharán*.

Cuando el Rebe reveló esto por primera vez, prescribió el remedio de los Diez Salmos sin especificar cuáles eran los Salmos que debían ser recitados. Dijo: "Sería bueno revelar cuáles Salmos deben recitarse. Sin embargo, cualquier grupo de Diez Salmos constituye el remedio, dado que diez Salmos tomados en conjunto corresponden a las diez clases de canciones. Y estas diez melodías son el verdadero remedio".

Antes de hablar de los Salmos, el Rebe dijo: "Lo primero es sumergirse en la *Mikve*". Luego habló sobre los Diez Salmos.

Dijo el Rebe en otro momento: "Es necesario ser muy cuidadosos y sumergirse en la *Mikve* el mismo día en que uno quede impuro. Si no es posible hacerlo la misma mañana, debes hacerlo en cualquier otro momento del día, incluso hacia la noche, lo más importante es sumergirse ese mismo día". También mencionó que lo mejor es sumergirse de inmediato, lo antes posible.

Pasaron cuatro largos años y el relato de lo que ocurrió en ese lapso ocuparía muchos volúmenes. Fue durante ese intervalo que el Rebe contrajo la enfermedad que terminaría por quitarle la vida. Fue también durante ese período que viajó a Lemberg (Lvov).

Una noche de invierno nos encontrábamos de pie alrededor del Rebe, quien estaba recostado en su lecho. De pronto comenzó a hablar de los Diez Salmos. Me pidió que trajese una hoja de papel y que escribiese allí los versículos que hacen alusión a los diez tipos de canciones. Entonces reveló los diez versículos, dictándolos tal cual se encuentran en la segunda sección del *Likutey Moharán* 92.

El Rebe expresó su deseo de especificar cada uno de los Diez Salmos que deben ser recitados en el día en que se ha tenido una experiencia impura. Allí nos quedamos, esperando, pero no fuimos dignos de escucharlos en ese momento y luego tuvimos que irnos.

Cuando retorné para el Shabat, pude ver un manuscrito donde el mismo Rebe había anotado los Diez Salmos. No consideré correcto tomar el manuscrito sin su permiso. Traté de memorizarlo pero no lo logré debido al temor de que el Rebe se disgustara por entrar en su habitación y haber mirado el manuscrito sin su permiso. [Esto ocurrió en el *Shabat Shekalim* 5570 (1810). Fue cuando el Rebe dejó su habitación para ir a escuchar la lectura de la Torá que yo entré y vi el manuscrito].

El domingo, antes de volver a mi casa, fui a despedirme del Rebe. Le pedí entonces que revelase los Diez Salmos, pues sabía perfectamente que ya los había anotado. Pero el Rebe se negó, diciendo que ya habría otra oportunidad. Volví entonces a casa sin saber cuáles eran.

Poco tiempo después, mientras yo estaba en casa, en Nemirov, el Rebe les reveló los Diez Salmos al Rabí (Aarón el Rav) de Breslov y a mi buen amigo el Rabí Naftalí de Nemirov.

El Rebe les pidió que fuesen testigos y dijo:
"Todos sufren una emisión nocturna alguna vez. Les pido que sean testigos de que estos Diez Salmos son un beneficioso remedio para esta experiencia impurificadora. Son el remedio general.
"Algunas personas experimentan esa emisión debido a un exceso en la comida o en la bebida, o debido

al cansancio o la fatiga. Otras debido a la posición en la cual duermen. En tales casos no hay nada por lo cual preocuparse. [Es comparable al caso de un niño que moja su cama cuando está dormido].

"Ciertas personas tienen el mérito de estar protegidas desde Arriba, preservándolas de esta experiencia. Otros no la sufren pues ése es su destino. Puede suceder que en ese momento uno sueñe que se cae y esa sensación lo despierte. Esto también es una señal que desde Arriba se ha querido protegernos de una emisión seminal.

"Sólo son graves los casos de polución nocturna debidos a los pensamientos malsanos. Estos crean las fuerzas malignas de las *klipot*, tal cual está explicado en la literatura mística. Pero aun en estos casos, recitar los Diez Salmos ayudará mucho a reparar los daños espirituales así sufridos.

"Muchos grandes Tzadikim buscaron este remedio y trabajaron muy duramente para poder encontrarlo. Algunos ni siquiera tuvieron conocimiento del verdadero remedio. Otros comenzaron a percibirlo pero fueron retirados del mundo antes de poder aprehenderlo completamente. En cuanto a mí, con la ayuda de Dios, tuve el mérito de llegar hasta el final. Se trata de algo completamente nuevo. Es un remedio maravilloso y extraordinario.

"Si puedes sumergirte en una *Mikve* y luego recitar los Diez Salmos, eso es lo mejor. Pero si estás enfermo o si estás viajando y no puedes sumergirte, el solo hecho de recitar los Salmos es en sí un gran remedio.

"Si puedes recitar los Salmos con devoción y sentimiento, eso es lo mejor. Pero también ayuda decir solamente las palabras.

"Este remedio no ha sido revelado nunca antes, desde el momento de la creación. Hubiese preferido liberar por completo a los hombres de esta falta, pero ello es imposible tanto física como espiritualmente. Esto implicaría una modificación total y constante de la naturaleza del conjunto de la humanidad y ello sobrepasa el ámbito de lo posible. El mismo Moisés, nuestro Maestro y otros grandes Sabios no han podido cambiar las leyes de la naturaleza más que de manera temporal y en circunstancias bien específicas. Milagros tan espectaculares como la partición del Mar Rojo y del Jordán sólo fueron temporales.

"Sin embargo, estos Diez Salmos constituyen un remedio maravilloso y absolutamente precioso.

"Sean testigos de mis palabras:

"Cuando mis días hayan terminado y yo me vaya de este mundo, aun entonces voy a interceder por todo aquel que venga a mi tumba, diga estos Diez Salmos y dé una moneda para caridad. No importa cuán grande haya sido su pecado, yo haré todo lo que esté en mi poder, cruzando el largo y el ancho de la creación, para purificarlo y protegerlo. ¡De sus *peiot* lo sacaré del Guehinom!

"Yo soy absolutamente positivo en todo lo que digo, pero más aún lo soy respecto del gran beneficio de estos Diez Salmos.

"Estos son los Diez Salmos:

16, 32, 41, 42, 59, 77, 90, 105, 137, 150

"Estos salmos deben ser recitados en este orden, tal cual aparecen en el Libro de los Salmos.

"Éste es el *Tikún HaKlalí*, el Remedio General. Aunque existe un remedio específico para cada pecado, éste es el remedio general.

"Salgan y difundan entre todos los hombres la enseñanza de los Diez Salmos. Puede parecer que recitar Diez Salmos es algo fácil de hacer. Pero, de hecho, esta será una práctica muy difícil".

Agrega el Rabí Natán:

El Rebe nos advirtió desde el comienzo sobre las dificultades. Nosotros hemos hecho todo lo que estuvo en nuestro poder para enseñarles este remedio a todos aquellos deseosos de utilizarlo. Que cada hombre haga como mejor le parezca. Escucha si quieres o ignóralo. En cuanto a nosotros, hemos salvado nuestras almas (Ezequiel 3:19).

El Rebe advirtió que no había que amedrentarse por este incidente, especialmente ahora que él había revelado los Diez Salmos. El temor y la depresión son muy dañinos. Si la persona recita estos días salmos el día mismo en que sufre la emisión nocturna, su pecado será rectificado y no necesitará preocuparse más por ello.

La persona debe fortalecerse siempre en la alegría, en todo momento, y no permitir que nada la deprima, no importa lo que suceda. Si es fuerte en su decisión, no le temerá a nada y no volverá a tener tales pensamientos. Andará de manera simple y con alegría, superando todo en paz. Es imposible asentar tales palabras por escrito. Sin embargo, "el hombre prudente seguirá la senda correcta" (Proverbios 14:15).

(*Sabiduría y Enseñanzas del Rabí Najmán de Breslov* 141;
Los Cuentos del Rabí Najmán pg. 260)

5

ALUSIONES

Los Diez Salmos

La lección en la cual el Rabí Najmán reveló los Diez Salmos que componen su Tikún se encuentra en el *Likutey Moharán* II, 92.

El remedio para una emisión nocturna, Dios no lo permita, consiste en recitar diez salmos. Esto se debe a que diez salmos cualesquiera corresponden a las Diez Clases de Canciones mediante las cuales fue compuesto el Libro de los Salmos (ver *Pesajim* 117a; *Zohar* III, 101a, 223; *Tikuney Zohar* 13), es decir *Berajá, Ashrei, Maskil*, etc. Estas diez clases de canciones tienen el poder de anular la fuerza de la *klipá* y el daño causado por la experiencia impura. Esto se debe al hecho de que son lo opuesto a la *klipá* y al daño.

Debes saber que estas diez clases de canciones están aludidas en los siguientes versículos:

Berajá: "Bendeciré (*avarej*) a Dios que me aconsejó; también por las noches mi conciencia me insta" (Salmos 16:7).

Ashrei: "Feliz (*ashrei*) aquél cuya transgresión ha sido perdonada y su falta indultada" (Salmos 32:1).

Maskil: "Y del Señor proviene una mujer sabia (*maskelet*)" (Proverbios 42:9).

Shir: "De noche Su canción (*shiró*) está conmigo" (Salmos 42:9).

Nitzuaj: "Para el director (*lamenatzeaj*): No destruyas" (Salmos 59:1).

Nigún: "Me acuerdo de mis canciones (*neguinati*) en la noche" (Salmos 77:7).

Tefilá: "¿Podrá aquello que no tiene sabor (*tafel*) ser comido sin sal?" (Job 6:6).

Hodu: "No sea que le des tu esplendor (*hodeja*) a otros" (Proverbios 5:9).

Mizmor: "Aquél que canta canciones (*zemirot*) en la noche" (Job 35:10).

Haleluiá: "La mujer que teme al Señor, ella será alabada (*tithalal*)" (Proverbios 31:30).

Debes saber que los diez salmos que la persona debe recitar el mismo día en que ha tenido una experiencia impura, Dios no lo permita, son: 16, 32, 41, 42, 59, 77, 90, 105, 137, 150. Estos Diez Salmos son un remedio muy grande para este problema. Aquél que es digno de recitarlos el mismo día no debe temer nada del terrible daño causado por una emisión impura porque indudablemente ello ha sido corregido por este remedio. Nuestro recto Mashíaj llegará para reunir nuestros exiliados en mérito al remedio para este pecado. Como está escrito: "Dios construye a Jerusalén, y recoge a los dispersos de Israel" (Salmos 147:2). Que llegue pronto y en nuestros días, Amén.

(Likutey Moharán II, 92).

* * *

Comentario - Parparaot LeJojmá

La lección del Rabí Najmán es explicada por el Rabí Najmán de Tcherin en el *Parparaot LeJojmá,* su comentario sobre el *Likutey Moharán.* Comienza con una consideración sobre las Diez Clases de Canciones y cómo los diez versículos citados por el Rebe Najmán contienen alusiones a ellas.

Las Diez Clases de Canciones

Dijo el Rabí Ioshúa ben Levi: mediante diez expresiones de alabanza fue compuesto el libro de los Salmos: *Nitzuaj, Nigún, Maskil, Mizmor, Shir, Ashrei, Tehilá, Tefilá, Hodá* y

Haleluiá. La más grande de todas es *Haleluiá*, que contiene la alabanza y el nombre de Dios en una sola palabra.

(Pesajim 117a; *Zohar* III, 101a,
ver Rashi Sobre Salmos 1:1)

Existen pequeñas variaciones en los nombres dados para las Diez Clases de Canciones en las principales fuentes rabínicas: el Talmud en *Pesajim,* Rashi sobre Salmos y el *Zohar.* La versión del Rebe Najmán es como la del Talmud en *Pesajim* excepto que incluye *Berajá,* que no está en la *Guemará,* a la vez que excluye *Tehilá.*

Examinemos algunas de las alusiones a los conceptos del *pegam haBrit* y del *tikún haBrit* en los versículos referidos a las Diez Clases de Canciones. La Torá hace referencia a la emisión casual de simiente con el nombre de *mikré laila,* una ocurrencia nocturna. "Si hay entre ustedes un hombre que no esté limpio debido a una ocurrencia nocturna deberá ir entonces fuera del campamento. No entrará al campamento" (Deuteronomio 23:11). El pecado es comparado a la noche *(laila).* La emisión de simiente en vano es el epítome del pecado. Como nos dice el Rabí Najmán, su fuente se encuentra en la *klipá* conocida como *Lilit.*

Berajá   El concepto de la noche se encuentra en el versículo que alude a *Berajá,* la primera clase de canción. "Bendeciré *(abarej)* a Dios que me aconsejó; también por las noches mi conciencia (mis riñones) me insta" (Salmos 16:7). Los riñones son la fuente del consejo y de la guía que uno necesita para la vida. Cuando el consejo que uno toma se fundamenta en la santidad, la observancia del Pacto es perfecta (ver *Likutey Moharán* I, 7).

Ashrei   El mismo Rabí Najmán explica la alusión al *Brit* en el versículo que alude a *Ashrei:* "De David. *Maskil.* ¡Feliz de aquél cuya transgresión ha sido perdonada y su falta, indultada!" (Salmos 32:1). Las letras iniciales de las tres primeras palabras hebreas luego de la introducción - *Ashrei Nesui Pesha* - deletrean la raíz *NAF*, que denota inmoralidad. La fuerza de la inmoralidad es anulada por medio de "*LeDavid Maskil*, Una canción sabia de David" (ver *Likutey Moharán* I, 205, arriba capítulo 3).

Maskil   La palabra *maskil* proviene de la raíz *sejel*, que denota inteligencia. *MasKiL* significa hacer sabio. La *klipá MeShaKeLá*, deja sin hijos, porque la simiente es literalmente asesinada. El remedio es *MaSKiL*, como está escrito: "Y del Señor proviene una mujer sabia" (Proverbios 19:4).

Shir   "De *noche* Su *canción* está conmigo" (Salmos 42:9). Vemos que este versículo trae el concepto de la canción en conjunción con la idea de la noche.

Nitzuaj   "Al director de canto. Para no ser destruido (*al taShJeT*)" (Salmos 59:1). Este es el opuesto directo de "toda carne ha corrompido su camino (*hiShJiT*) sobre la tierra" (Génesis 6:12), que hace referencia a la emisión en vano de semen, como en "él derramó (*veShiJeT*) sobre la tierra" (Génesis 38:9).

Nigún   "Me acuerdo de mi *canción* (*nigún*) en la *noche*" (Salmos 77:7). Aquí nuevamente vemos la conjunción del concepto de canción con la idea de la noche.

Tefilá   Enseñó el Rebe Najmán que esta clase de canción se encuentra aludida en Job 6:6: "¿Podrá aquello que no tiene sabor (*tafel*) ser comido sin *sal*? ¿O habrá gusto en la clara del huevo?". El Pacto es llamado sal, como en "No dejarás que falte la *sal* del Pacto de tu Dios" (Levítico 2:13 y ver Números 18:19). El versículo en Job indica que la plegaria (*TeFiLá*) no tiene gusto (*TaFeL*) sin la sal del Pacto, es decir la observancia del *Brit*. El remedio para el abuso del Pacto es la *Tefilá*. Encontramos una idea relacionada en el *Tikuney Zohar* 47: "La *Tefilá* es así llamada pues el hombre se transforma en un caballo para Dios, él se subordina

(*TaFeL*) al jinete. '¿Podrá aquello que no tiene sabor (*TaFeL*) ser comido sin sal?', esto hace referencia a la plegaria".

Hodú   Esto se encuentra aludido en Proverbios 5:9: "No sea que les des tu esplendor (*HoDeja*) a otros", es decir, a las fuerzas del Otro Lado, el lado del mal. "Ciñe tu espada a tu muslo, oh poderoso, en tu esplendor (*HoDeja*) y en tu gloria" (Salmos 45:4). El *Zohar* (*VaIjí* 240b) interpreta este versículo en referencia a aquél que observa el Pacto en pureza: "Aquél que desea preservar el Pacto debe prepararse para enfrentar al malvado, y cuando éste lo asalta debe poner sus ojos en la espada ceñida en el muslo para castigar el abuso del Pacto. Ese hombre es llamado poderoso, y es su fuerza la que le da esplendor (*HoD*) y majestad".

Mizmor   "Aquél que canta *canciones* en la *noche*" (Job 35:10). Aquí nuevamente el concepto de canción aparece en conjunción con la idea de la noche.

Haleluiá "La mujer que teme al Señor, ella será alabada (*TitHaLaL*)" (Proverbios 31:30). Este versículo alude al remedio, pues el daño proviene de "la mala mujer, más amarga que la muerte" (Eclesiastés 7:26). Pero "el encanto es engañoso y la belleza, vana" (Proverbios *Ibid*.). Lo opuesto a la mala mujer es la "mujer que teme al Señor" y ella es quien debe ser alabada. El Rebe Najmán mismo menciona cómo *HaLeLuIá* es el opuesto de *IaLaLá*, el aullido de la *klipá Lilit*, quien encarna la depresión y la tristeza (ver *Likutey Moharán* I, 205).

Las Diez Sefirot

Es bien sabido que el daño del pecado de la emisión en vano de semen daña toda la estructura de las diez sefirot (cf. *Reshit Jojmá, Shaar HaKedushá* 17). Esto se debe a que la simiente deriva de la sefirá de *Daat* (que en sí misma incluye a *Keter, Jojmá* y

Biná) y llega hasta *Iesod* (que está representado por el órgano de procreación). *Iesod* incluye a todas las sefirot precedentes. Cuando la simiente es emitida en vano cae en las garras de las fuerzas del mal, causando un daño en todas las sefirot, especialmente en *Maljut*, que abarca a todas las otras sefirot. *Maljut* es llamado *eretz*, la tierra. "Toda carne ha corrompido su camino sobre la *tierra*" (Génesis 6:12) alude así al daño en *Maljut*.

Cada una de las Diez Clases de Canciones corresponde a cada una de las diez sefirot. Así encontramos algunas de las correspondencias enumeradas en el *Zohar* III, 223b:

Ahrei	Keter
Shir	Jojmá
Berajá	Biná
Nigún	Jesed
Zemer	Guevurá
Halelú	Tiferet
Lamenatzeaj	Netzaj
Hodú	Hod
Riná	Iesod
Tehilá	Maljut

Debido a que construyen y fortalecen las diez sefirot a las cuales corresponden, las Diez Clases de Canciones son por lo tanto el remedio para este pecado.

Los Diez Salmos

Los motivos que tuvo el Rebe Najmán para elegir estos Diez Salmos como el remedio son "profundos, quién podrá encontrarlos" (Eclesiastés 7:24). "Ningún ojo lo ha visto" (Isaías 64:3). Fue sólo mediante la grandeza y la profundidad de su visión y percepción que fue capaz de descubrir cuáles diez salmos eran el remedio. Estos Diez Salmos contienen las Diez Clases de Canciones de acuerdo con las diferentes versiones en las fuentes rabínicas.

Salmos 16 El remedio comienza con *Mijtam*, "Himno de David, *Mijtam*" (v.1). El *Zohar* III, 101a presenta a *Mijtam* como una de las Diez Clases de Canciones, aunque no está incluido en el *Zohar* III, 223b. En el primer pasaje, el *Zohar* explica que *Mijtam* se refiere a la sefirá de *Iesod*, al "secreto central", es decir el cuerpo y el Pacto, que son un solo concepto. De manera similar Rashi en su comentario sobre este Salmo cita la afirmación de los sabios (*Sotá* 10b) de que *MiJTaM* hace referencia a las cualidades del rey David, que era humilde (*MaJ*) y sincero (*TaM*), y que su órgano era perfecto (*TaM*) porque había nacido circunciso. Rashi menciona también el punto de vista de que *Mijtam* significa corona, *atará*, que alude al lugar de la circuncisión. Vemos así que el comienzo mismo del remedio contiene alusiones al tema del Pacto. Este salmo también contiene la expresión *berajá* ("Bendeciré (*abarej*) al Señor" v.7) y *simja*, alegría ("Por eso se regocija (*SaMaJ*) mi corazón" v.9; "la profusión de alegrías en Tu presencia" v.11). La alegría es lo opuesto a la depresión, que produce el pecado. Este pecado trae como consecuencia la destrucción (cf. *Zohar* III, 263b, 266b). Pero "no abandonarás mi alma al abismo, ni permitirás que Tu devoto sea testigo de la destrucción" (v.10). Todos estos versículos se refieren al remedio. Además el salmo se refiere a "los santos que yacen en la tierra" (v.3), es decir, los Tzadikim en cuyo mérito somos capaces de alcanzar la perfección al guardar el Pacto.

Salmo 32 El propio Rabí Najmán explicó el significado de este salmo en el *Likutey Moharán* I, 205. Éste incluye las expresiones *Maskil*, *Ashrei* y *Riná*, y también contiene varias alusiones al remedio para este pecado, especialmente: "No sean necios como un caballo o una mula" (v.9). El *Zohar Kedoshim* 80 dice que esto se refiere al deseo sexual. El salmo termina con el concepto de alegría: "¡Ustedes, los justos, alégrense en Dios y regocíjense; y canten de gozo todos los rectos de corazón" (v.11).

Salmo 41   Éste contiene las tres expresiones *Nitzúaj*, *Mizmor* y *Ashrei* y concluye con la de *Berajá* (v.14) - "Bendito (*Baruj*) es Dios, Elohim de Israel, etc.". El salmo también contiene varias alusiones al remedio.

Salmo 42   La introducción al salmo contiene las expresiones *Nitzúaj* y *Maskil*, mientras que el versículo 9 - "De noche Su canción (*Shirá*) está conmigo. Una plegaria (*Tefilá*) al Todopoderoso de mi vida" alude a *Shir* y *Tefilá*. El salmo también contiene las ideas de alegría y de salvación.

Salmo 59   El salmo contiene las expresiones *Nitzuaj* y *Mijtam* en el versículo 1 y *Shirá*, *Zemer* y *Riná* en los versículos 17-18.

Salmo 77   El primer versículo contiene las expresiones *Nitzuaj* y *Mizmor*, mientras que el versículo 7, "Me acuerdo de mi canción (*Neguinati*) en la noche" alude a *Nigún*. En el versículo 14, "Dios (*Elokim*), Tu camino es santificarte. ¿Qué poder es tan grande como Dios (*Kel*)?" encontramos los dos nombres divinos *Kel* y *Elokim*. El Rebe Najmán enseñó que estos dos nombres tienen el poder de liberar la simiente de la *klipá* y que cuando son deletreados plenamente tienen el mismo valor numérico que *Tehilim*, salmos (*Likutey Moharán* I, 205). El salmo concluye: "En el mar abriste Tu camino (*darqueja*)....". Esto contiene una alusión al *Tikún haBrit*, como en "Quien hace un camino en el mar" (Isaías 43:16, y ver *Likutey Moharán* II, 87).

Salmo 90   Este salmo es llamado "Plegaria de Moshé" (v.1) y representa el nivel más elevado de la plegaria, *Tefilá*. El salmo también contiene el concepto de alegría en los versículos 14-15: "cantaremos (*uneRaNená*) y nos alegraremos (*uniSMeJá*)... Alégranos (*SaMJenu*)...".

Salmo 105   El primer versículo contiene la expresión *Hodú*, "Alaben", que proviene de la raíz *Hodáa*. En el versículo 2 tenemos "Cántenle (*Shiru-Shir*) a Él, entonen alabanzas (*zameru-Zemer*)"; y en el versículo 3, "Glorifíquense (*hitalelu-Halel*)". El concepto del Pacto aparece en el versículo 8, "Recordó por siempre Su *Pacto*...". Todo el salmo se refiere al exilio en Egipto, cuyo propósito fue expiar el pecado de la emisión de simiente en vano. El éxodo y la herencia de la Tierra de Israel son el remedio para el pecado.

Salmo 137   "Acordándonos de Sión" (v.1); encontramos en las *kavanot* del *Tikún Jatzot* que esto es una referencia al Pacto. En los versículos 3-4 encontramos el concepto *Shir*: "Pues allí nuestros captores nos pedían *canciones*... ¡*Canten* para nosotros una de las *canciones* de Sión!". ¿Pero cómo podemos *cantar canción* de Dios en suelo extraño?". Las palabras "¡Arrásenla, arrásenla, hasta los *cimientos* (*Iesod*)!" (v.7) se refieren al abuso del Pacto, que se encuentra en la sefirá de *Iesod*. "alabado aquel que te retribuya *lo que hiciste con nosotros*" (v.8). Esto es una referencia a la muerte de los niños como resultado de este pecado. "Tus niños" (v.9) son los malos espíritus creados por este pecado: finalmente serán destruidos por completo.

Salmo 150   Este salmo contiene las expresiones *Haleluiá*, *Halel* y *Tehilá* (v.6). Las diez alabanzas en el salmo corresponden a las diez sefirot contenidas en la sefirá de *Maljut* (cf. *Rosh HaShaná* 32).

He hecho estas anotaciones sólo para satisfacer el interés de aquéllos a los que les gustaría ver algo de las alusiones más obvias accesibles para la gente de nuestro nivel. En cuanto a la verdadera profundidad de las percepciones internas del Rebe al elegir específicamente estos diez salmos como el remedio completo y total y pedirnos que los recitásemos junto a su tumba luego de su muerte, esto es algo que se encuentra más allá de nuestra capacidad de comprensión, así como los cielos se encuentran muy por encima de la tierra.

(Parparaot LeJojmá II, 92)

6

LA CANCIÓN

El Rebe Najmán dijo que los Diez Salmos de su *Tikún* corresponden a las Diez Clases de Canciones tratadas por los sabios. ¿Cuál es el significado profundo de las Diez Clases de Canciones y cuál es su poder?

El siguiente pasaje proviene del *Likutey Halajot, Even HaEzer, Hiljot Priá uReviá veIshut* 3. En él el Rabí Natán investiga en su mayor profundidad el tema del sonido, de la música y de la canción para dilucidar el significado de las Diez Clases de Canciones y su papel en el *Tikún del Rabí Najmán*.

La Voz y el Escuchar

Nuestra conexión con Dios es a través de la voz. Los sonidos que hacemos con la boca son el fundamento de nuestra relación con Dios. Nosotros Le oramos, Le cantamos y Lo alabamos. Hacemos pedidos, súplicas y confesiones. Hablamos con Dios y conversamos con Él... Todos estos modos de relacionarnos con Dios están incluidos en las Diez Clases de Canciones, las diez expresiones con las cuales fue compuesto el libro de los Salmos. Los salmos constantemente hablan de llamar a Dios, de clamar y suplicar por Su ayuda para hacer lo que Él quiere y escapar de las turbulentas corrientes de los deseos mundanos y de la vanidad. Fue de los profundos clamores del rey David que nacieron sus canciones y alabanzas. Todos los senderos espirituales del Libro de los Salmos están incluidos en las Diez Clases de Canciones. Ellas abarcan todas las plegarias, las canciones y las alabanzas expresadas alguna vez por los judíos en todas las épocas y en todos los lugares en que han vivido.

La voz es algo *que se oye*. Es mediante nuestra facultad de oír que nos volvemos conscientes de las voces y de las canciones. Los sabios enfatizaron la importancia de la facultad de oír. "Que tus oídos *escuchen* lo que sale de tu boca" (*Berajot* 15): ésta es la directiva fundamental sobre cómo se debe orar. Pues escuchar es el fundamento de la fe en Dios. "Escuchar depende del corazón, como está escrito, 'Dale a Tu siervo un corazón que *escuche*' (Reyes I, 3:9)" (*Tikuney Zohar, Tikún* 58), y el corazón es el asiento de nuestro anhelo por Dios y de nuestra fe en Él. Cada individuo se forma su propia concepción de Dios de acuerdo con la capacidad de su corazón.

En Sí Mismo, Dios es exaltado más allá de todo pensamiento y comprensión. Pero en Su abundante amor desea entregar lesel bien a Sus criaturas y darles una percepción de Su radiante esplendor, permitiéndoles tener alguna aprehensión de Su Divinidad. De modo que Él Se *contrajo*, si así pudiera decirse, de innumerables maneras, hasta que fue posible colocar alguna percepción de Su Divinidad en los corazones de los Tzadikim de cada generación, primero en los patriarcas y luego en los santos y sabios que les siguieron. Por medio de sus devociones ellos fueron capaces de alcanzar percepciones de Divinidad a través de estas constricciones, todo mediante el *escuchar*, como cuando uno escucha la voz de alguien sin poder verlo. Así ocurrió en la entrega de la Torá, "*Escuchaste* una voz que hablaba pero no viste forma alguna, tan sólo una voz" (Deuteronomio 4:12). Ni siquiera Moisés fue capaz de *ver* a Dios. "Muéstrame, Te lo ruego, Tu gloria", pidió (Éxodo 33:18), pero Dios le respondió, "Tú no puedes ver Mi rostro, pues el hombre no podrá verme y vivir" (*Ibid*. 20). La percepción de Dios que tuvo Moisés fue a través del *escuchar*. "Él *escuchó* la Voz que le hablaba desde arriba de la cubierta del arca" (Números 7:89). Y más aún en el caso de los otros profetas y Tzadikim: "Dios, he *escuchado* de Ti y estoy atemorizado" (Habakuk 3:2). Qué decir entonces en el caso de gente simple como nosotros, hoy en día. Toda nuestra fe, vitalidad y santidad se basa en lo que hemos *escuchado* de nuestros padres y maestros. Las tradiciones de la Torá y de la fe han sido transmitidas de generación en generación. Nuestra obligación es *escuchar* las voces de nuestros antepasados y cumplir con la Torá.

El *Shemá* es la contraseña de nuestra fe. "*Escucha*, Israel, el Señor, nuestro Dios, el Señor es Uno" (Deuteronomio 6:4), pues la fe en Dios depende del escuchar. Es por esto que tantos de los pasajes que enfatizan la importancia de mantenerse firmes en la Torá utilizan expresiones de escuchar: "*Escucha* su voz y manténte fiel a ella" (Deuteronomio 30:20); "Y será si ustedes *escuchan*..." (*Ibid*.11:13) y demás. Pues el fundamento mismo de la unión del pueblo judío con Dios es a través del *escuchar*: escuchar las voces de todas las plegarias, canciones y alabanzas que ofrecemos, las voces de las Diez Clases de Canciones. El estudio mismo de la Torá es también una expresión de las Diez Clases de Canciones. La Torá está compuesta de notas musicales, vocales, coronas y letras, siendo las notas musicales las que se corresponden con el nivel más elevado. Cuando los sabios enseñaron que debemos dedicarnos al estudio dijeron, "*Canta* (la Torá) cada día, canta cada día, como está escrito, 'Levántate, clama en la noche' " (Lamentaciones 2:19; ver *Sanedrín* 99b). Pues la revelación de la Divinidad es a través de las voces. "El mundo fue creado mediante diez expresiones" (*Avot* 5:1). El mundo fue creado a través de la voz y del habla, que son la fuerza vital de Dios investida en todos los mundos. Es así que la unión del pueblo judío con Dios también se produce a través de las voces y de las palabras, porque ellas son los medios a través de los cuales nos apegamos a la Voz de Dios tal como está investida en todos los mundos.

El Sonido

Hay tres categorías que engloban todo el ámbito de lo santo: *jesed*, el amor (en términos kabalistas el lado derecho); *din*, el juicio (el lado izquierdo); y *rajamim*, la misericordia y la bondad (la columna del centro), que equilibra el amor y el juicio. El concepto del sonido, la voz a través de la cual se revela la Divinidad, incluye las tres categorías.

La ciencia distingue entre tres clases de sonidos. El primero es un sonido simple, sin reverberación, como cuando la persona emite un sonido en un lugar abierto. El segundo es una resonancia, como el eco que se escucha en un bosque o entre altas montañas cuando uno hace un sonido y luego escucha que retorna. Es como si hubiera alguien más allí que emite exactamente el mismo sonido que hemos hecho. Luego está la tercera clase de sonido, que es una *mezcla* del sonido simple más sus resonancias y reverberaciones. Cuando, por ejemplo, hacemos un sonido con un instrumento musical, lo que escuchamos es una mezcla del sonido simple del pulsar o del golpear, etcétera, junto con las resonancias y reverberaciones creadas por las paredes del instrumento. Este sonido es diferente del sonido simple o directo por un lado y del eco o sonido que retorna por el otro: es una mezcla de los dos, que en nuestra tradición es llamado un sonido fuerte: "He aquí, Él expresa Su voz, una voz *fuerte*" (Salmos 68:34).

Estas tres clases de sonidos son los elementos de los cuales están compuestos todos los sonidos, las voces y las melodías, dependiendo de sus diferentes combinaciones. Hay innumerables variaciones posibles. Si las superficies resonantes están muy apartadas entre sí es posible distinguir independientemente el sonido directo del sonido que retorna. Si están suficientemente cerca, ambos sonidos se mezclan más aún. Las diversas formas de los instrumentos musicales utilizan las diferentes posibilidades. Debido a las muchas y complejas distinciones, la ciencia de la música es la más grande de todas. Sin embargo, el principio fundamental es claro: todos los sonidos del mundo están conformados por estas tres clases de sonidos. De ellos provienen todas las canciones del mundo, plasmadas en las Diez Clases de Canciones.

El sonido directo representa *jesed*, el amor, el lado derecho. El sonido que retorna presenta *din*, el juicio, el lado izquierdo. El sonido mezclado es la columna central de *rajamim*, misericordia y bondad, que equilibra el amor y el juicio. Los conceptos de las tres clases de sonidos también están expresados en las figuras de los tres patriarcas, el fundamento de nuestra fe. Abraham es la expresión del amor, correspondiente al sonido directo. Itzjak es la expresión del juicio, correspondiente al sonido que retorna.

Iaacov encarna la misericordia, combinando ambas voces: "La voz es la voz de Iaacov" (Génesis 27:22).

Ahora bien, estas tres columnas, la derecha, la izquierda y la del centro, incluyen a las diez *sefirot* - las cualidades a través de las cuales se revela la Divinidad - y las Diez Clases de Canciones. Esta idea está expresada en el concepto de la canción simple, doble, triple y cuádruple contenida en el Nombre de Dios: *Iud-Hei-Vav-Hei*. (Al enunciar la letra *Hei* en referencia al nombre de Dios, se pronuncia por respeto *Kei*). Este nombre incluye a todas las diez *sefirot* tal como están incorporadas en las tres columnas. La esencia del Nombre reside en las tres primeras letras, *Iud-Hei-Vav*. La cuarta letra, *Hei*, está repetida. Las primeras tres letras, correspondientes a la canción simple, doble y triple, conforman el conjunto de los tres sonidos básicos, el sonido directo, el sonido que retorna y el sonido fuerte. Luego de la revelación de estos tres sonidos diferentes, es necesario *combinarlos* para formar melodías. Esto corresponde a la cuarta letra, *Hei*, que es una repetición de la primera *Hei* y no es una nueva o una cuarta clase de sonido. Con la cuarta comienza la combinación de los sonidos para producir diferentes clases de melodías, las Diez Clases de Canciones, que corresponden a las diez *sefirot*. Ellas abarcan a todos los sonidos en todos los mundos. Pues todos los mundos son vestimentas, y es a través de estas vestimentas, voces, recipientes e instrumentos, que puede revelarse la Divinidad. La Divinidad es la fuerza de vida que anima a todos los mundos, expresada en las almas que se encuentran en todos ellos. Pues la voz es aire y el aire es la fuerza de vida del hombre, el alma, como está escrito, "todo lo que tenía en sus narices hálito de espíritu de *vida* " (Génesis 7:22).

La Canción

La raíz de la canción se encuentra en el lado izquierdo, pues la canción en esencia comienza con el segundo sonido, el sonido que retorna. Es aquí que comienza el proceso de selección de lo bueno y de lo malo. Las Diez Clases de Canciones separan el bien del mal, el espíritu y el viento bueno de los vientos de la melancolía y de la desesperación (cf. *Azamra*).

Esto sucede en el lado izquierdo porque es aquí donde tienen su mayor poder las fuerzas del Otro Lado, que son la fuente de todos los pecados. El lado izquierdo es el lado del juicio y es de allí que deriva la fuerza de vida del Otro Lado. Hay muchas variaciones entre las diferentes inclinaciones al mal de las diferentes personas pero en todos los casos la raíz reside en el Juicio (ver *Likutey Moharán* 72). El juicio es el eco o sonido que retorna. El eco es el clamor por todos los pecados de la persona, pues los pecados mantienen su marca mucho después de haber sucedido. Incluso cuando la persona se siente inspirada y llama a Dios, todas las cáscaras creadas por sus pecados también se despiertan y comienzan a clamar en su contra (cf. *Likutey Moharán* I, 22). Así como en los mundos superiores las raíces del sonido que retorna se encuentran en el Juicio, de la misma manera, en los mundos inferiores, que derivan de ellos, el eco también proviene del Juicio. En los mundos inferiores el eco es el sonido de todos los pecados de la persona clamando en su contra. El Juicio, el sonido que retorna, es la fuente de la mala inclinación y de las cáscaras, es decir, de todas las pasiones y malas cualidades de la gente. El motivo por el cual la canción comienza aquí, en el lado izquierdo, es que es precisamente aquí que se inicia la tarea de separar y seleccionar el bien del mal. La selección se realiza a través de las Diez Clases de Canciones.

La Libertad de Elección

El mundo fue creado con diez expresiones: "Mediante la palabra del Señor fueron hechos los cielos, y con el espíritu de Su boca, todas sus huestes" (Salmos 33:6). La "palabra del Señor" y el "espíritu de Su boca" son las voces y las palabras contenidas en las Diez Clases de Canciones, a través de las cuales fueron creados todos los mundos. Ahora bien, el principal sostén de la mala inclinación proviene de la *negación* de la Divinidad y de la creación divina, del ateísmo y de las falsas creencias. Toda la Torá y todas las mitzvot dependen de la fe. Así "Habakuk vino y fundamentó toda (la Torá) en una cosa, es decir la fe, tal cual está escrito, 'El recto vivirá por su fe' (Habakuk 2:4) y 'todas Tus mitzvot son fe' (Salmos 119:86)" (*Makot* 24). De manera inversa, la mala inclinación, la lujuria y el pecado representan una falta de fe: la negación y la idolatría. Su raíz yace en el sonido que retorna.

Si todos escuchasen el sonido directo, el sonido de Dios Mismo, el sonido viviente con el cual Él creó y continúa creando todos los mundos, no habría libertad de elección en absoluto, dado que todos verían y escucharían que Dios Mismo sustenta el mundo con el espíritu de Su boca. Pero es imposible escuchar la voz directa misma. De hacerlo, sería imposible continuar existiendo. Incluso en el momento de la entrega de la Torá, cuando el pueblo judío se encontraba en un estado de exaltada pureza, ellos dijeron, "Si seguimos escuchando la voz del Señor, nuestro Dios, entonces moriremos. Pues ¿quién de toda carne ha escuchado la voz del Dios vivo hablando de en medio del fuego, tal como hemos hecho nosotros, y aún sigue con vida?" (Deuteronomio 5:22-23). Aprehender a Dios y escuchar de Su grandeza sólo es posible por medio de la voz que retorna, que se encuentra del lado del Juicio y del Temor. "Dios, he *escuchado* de Ti y estoy atemorizado" (Habakuk 3:2).

Es el hecho de escuchar sobre la grandeza de Dios mediante la voz que retorna lo que crea la posibilidad de la libertad de elección. El hombre sabio centra su mente en la verdad, al igual que los padres del mundo, los patriarcas, quienes dirigieron sus oídos hacia la verdad, hasta que se dieron cuenta de cuál era la fuente del eco. Comprendieron entonces que la voz que retorna no tiene realidad en su esencia. Lo más importante es la voz directa que proviene de Dios. Es sólo debido a que Dios envió esta voz hacia la partición producida por la primera constricción que la voz golpeó, si así pudiera decirse, contra esa partición, e hizo posible escuchar entonces la voz que retorna, la voz del Juicio. Aún así, lo más importante es la voz directa. La voz que retorna es meramente su reflejo. Los patriarcas, por lo tanto, sólo se unieron a la voz directa, que es la fuerza vital de Dios investida en todos los mundos. Ellos unieron así la voz que retorna con su fuente en la voz directa, y fueron capaces de quebrar el sustento del Juicio y de las cáscaras que yace en la voz que retorna. Allí es donde tienen su fundamento la negación y el ateísmo. Pero los patriarcas sabían y creían que la voz que retorna no tiene una realidad independiente y que es meramente el eco de la voz directa de Dios.

El Sonido que Retorna

Por otro lado, aquéllos que niegan la fe no enfocan sus mentes en la verdad. Sólo se ocupan de la voz que retorna, como si ésta tuviese alguna realidad por sí misma. Ellos no creen en la realidad esencial, la Voz Viviente que les da vida a todos los mundos. Ciertamente tales pensadores y filósofos investigan la creación en todos sus aspectos. Estudian la forma y la naturaleza en todos sus detalles: lo inanimado, lo vegetal, lo animal y lo humano: los elementos que los conforman, las diversas capacidades de los diferentes objetos y demás. Estudian el sonido, su naturaleza y esencia y todas las diversas variantes de los sonidos y sus combinaciones. Se dedica investigación y esfuerzo a la fabricación de instrumentos para producir sonidos y hacer melodías. En otros ámbitos existen multitud de diferentes invenciones. Pero todo ese conocimiento y toda esa investigación están confinados a las cosas de este mundo pasajero.

La verdadera sabiduría es cumplir con todas las palabras de la Torá para merecer la vida y el bien eternos. Sólo esto es sabiduría. El pueblo judío trasciende todas las especulaciones mundanas. La palabra misma "hebreo" deriva de la raíz *e-ver*, que significa "pasar por sobre". Es por esto que el pueblo judío no se ocupa de especulaciones innecesarias sobre los temas mundanos. Todo nuestro objetivo es unirnos al Dios Vivo cumpliendo con la Torá y las mitzvot, trascendiendo todos los sistemas de conocimiento ajenos. Nosotros estamos en posesión de la verdadera y perdurable sabiduría, la fe y la creencia en que el universo entero y todo lo que contiene, lo inanimado, lo vegetal, lo animal y lo humano, con todas sus diferentes potencialidades y detalles específicos, todos los diferentes sistemas de conocimiento y técnicas... todo fue creado por Dios. Él les da vida a todas las cosas, a cada momento. Y todo fue creado en aras del modesto ser humano, para que pudiera trabajar todos sus días en su unión a Dios a través de la Torá y de las mitzvot. Sólo esto es la verdadera sabiduría.

La Separación

Todos los sistemas de conocimiento ajenos están en la categoría de la voz que retorna. Aquéllos que los buscan no escuchan la voz directa de Dios. Ellos vuelven su atención al eco, al mundo creado de la naturaleza, sin preguntar de quién es la boca de la cual deriva esta voz. Su mal reside en separar la voz que retorna de la voz directa, como si la voz que retorna tuviera una existencia independiente de por sí. En esto ellos son como "el chismoso que separa a los amigos (heb. *aluf*)" (Proverbios 16:28), dado que ellos separan al mundo de su *aluf*, su líder, y niegan al Dios Vivo. Ellos se encuentran atrapados por la mala inclinación, por no haber buscado la *fuente* de la creación. La mala inclinación está enraizada en la voz que retorna, y de aquí deriva todo su conocimiento y especulación. Son como alguien en el bosque que escucha un eco y piensa que es una voz independiente. Simplemente es un tonto.

La persona que se dedica plenamente a la Torá, sirviendo a Dios con una pureza simple, podrá finalmente comprender todas las sabidurías del mundo. Hay muchos casos de Tzadikim que primero sirvieron a Dios con simpleza y pureza, quebrando sus deseos y dedicando todas sus energías a la Torá y a la plegaria, a los que más tarde les llegó por sí misma la comprensión de las otras sabidurías. Y en cuanto a la gente que nunca alcanza tales niveles exaltados, es posible vivir muy bien en este mundo sin tener comprensión alguna de estos sistemas de conocimiento, mientras que en el mundo que viene en verdad son innecesarios. Por el contrario, la gente común que aún no ha quebrado sus deseos corre el riesgo de ser desarraigada de ambos mundos si se involucra en tales estudios. La mayor parte de la gente que se dedicó a ellos se volvió totalmente atea, rechazando por completo el yugo de la Torá. Sólo los más grandes Tzadikim tienen el poder de utilizar tal conocimiento con propósitos Divinos, para minar las filosofías ateas.

Unificación

> En el comienzo Él pensó en crear el mundo a través de la
> Justicia, pero vio que el mundo no podría soportarlo y Se
> levantó y le dio prioridad a la Misericordia, infundiéndole
> Misericordia a la Justicia.
>
> (*Bereshit Rabah* 12:14; *Zohar* I, 180b).

Hemos visto que la raíz del ateísmo y de los malos deseos
reside en la voz de la Justicia que retorna. Dios quiso primero que
el mundo se mantuviese solamente a través de la voz que retorna.
Pero vio que el mundo no podía perdurar de esta manera. Habría
estado lleno de ateísmo porque el hombre habría sido incapaz de
ver cómo todo deriva de Dios, uniendo la voz que retorna con la
voz directa. Por lo tanto, "Se levantó y equilibró la Justicia con la
Misericordia". Así es como surgió la tercera voz, la voz "fuerte"
que reúne la voz directa y la voz que retorna. "La voz es la voz
de Iaacov" (Génesis 27:22). Ésta es la voz que nos da el poder de
conectarnos con la Luz de Vida y alcanzar la fe en que todo deriva
de Dios, incluyendo la sutileza y la tortuosidad del corazón. Pues
esto último deriva de la voz de la Justicia que retorna, que a su
vez proviene de la voz de Dios Mismo.

Sin el equilibrio de la Justicia con la Misericordia habría
sido imposible quebrar la propia voluntad. Las cáscaras y el
ateísmo que provienen de la voz que retorna habrían sido
totalmente dominantes. La voz directa misma es imposible de
revelar, porque la gente no podría existir. Pero combinada con
la voz que retorna, puede ser oída por las criaturas de Dios, y
esta tercera voz es lo que nos permite volver nuestros corazones
hacia la verdad.

"El mundo fue creado con diez expresiones" (*Avot* 5:1),
pero en el relato de la Creación (Génesis 1), la expresión "y Él
dijo" sólo aparece nueve veces. ¿Por qué? La respuesta es que
la palabra *Bereshit*, "en el comienzo", es en sí misma una de las
diez expresiones. ¿Por qué esta primera expresión no contiene
la frase "y Él dijo"? Esto se debe a que la primera expresión
es la voz directa que contiene en sí misma a todas las otras

nueve expresiones y a todos los mundos, desde el comienzo hasta el final. Todos están incluidos en *Bereshit*, que es "la expresión oculta" que incluye a todo (ver *Likutey Moharán* I, 12; ver también *¿Aié?* en el volumen *Cuatro Lecciones del Rabí Najmán de Breslov*). Debido a que es la voz directa misma, no es llamada ni siquiera una *expresión*, algo que hace referencia al sonido o al habla. La voz directa misma no puede ser escuchada o aprehendida en absoluto; de lo contrario, dejaríamos de existir. Pero luego de la emergencia de la voz directa apareció inmediatamente la voz que retorna y entonces Dios unificó las dos voces en una tercera, a través de la cual Él creó el mundo. Las nueve expresiones "y Él dijo" en el relato de la Creación aluden a las expresiones de la voz que puede ser escuchada, la tercera voz que es producto de la unión de la voz directa con las voces que retornan. A través de estas nueve expresiones fueron creados todos los detalles del mundo con todas sus variantes, mientras que en la primera expresión oculta todo estaba fusionado en una unidad y no era posible distinguir ninguno de los detalles de la Creación.

Nuestra tarea es llevar todo de retorno hacia la unidad con *Bereshit*: saber y creer que todo proviene sólo de Dios y que la única realidad que posee la voz que retorna es como el eco reflejo de la voz directa. Las Diez Clases de Canciones tienen el poder de apartar el bien del mal, de separar la fe de la negación. Esto se debe a que ellas unen todas las voces y las fusionan, conectando la voz que retorna con la voz directa, para crear la melodía que atrae el corazón hacia Dios. Esta melodía tiene el poder de separar al corazón de sus pasiones y negaciones y de hacerlo retornar, uniéndolo a la voz directa. Toda la creación retorna entonces a su raíz. Esta unión a Dios se encuentra en las Diez Clases de Canciones. ¿Por qué la canción está enraizada en el lado izquierdo? Porque éste es el lado de la voz que retorna y es aquí que el bien debe ser separado del mal, que aquí tiene su sustento. Es así que la voz que retorna se une con su fuente en la voz directa. Todas las voces de este mundo son ecos en relación con la suprema Voz Directa. Es a través de la melodía que unificamos estas voces mundanas con la Voz Directa.

La Alegría

El papel esencial de las Diez Clases de Canciones se encuentra entonces en el proceso de separar el bien del mal y de unificar la voz que retorna con su fuente en la voz directa. Esta es la tarea principal del pueblo judío: conectarnos con la voz del Dios Vivo, "escucha Su voz y apégate a Él, porque ésa es tu vida y la extensión de tus días" (Deuteronomio 30:20). Es *vida* pues la raíz misma de la existencia de todos los mundos reside en la voz directa de Dios.

Mediante la canción viene la alegría. La única verdadera alegría en el mundo es cuando llegamos a creer en Dios y a conocerLo. "Pues nuestro *corazón* se regocija en Él" (Salmos 33:21), cada uno de acuerdo con la capacidad de su corazón. Esto se debe a que el dulce sabor de la verdadera alegría que a veces sentimos es algo muy personal de cada uno. Para la mayoría de los judíos, la experiencia de la alegría no llega a ser normalmente el intenso éxtasis que proviene del conocimiento de Dios. Aun así este éxtasis es la verdadera fuente de la alegría que incluso el judío más simple siente durante el Shabat y las festividades, durante los casamientos y demás. Pues "aunque la persona no ve, su *mazal* ve" (*Meguilá* 3a) y tiene el sentimiento de la agradable dulzura disfrutada por su alma. Es por esto que es costumbre cantar versículos que hablan de la cercanía de Israel con Dios durante las celebraciones religiosas y especialmente en *Simjat Torá* y *Purim*. Porque toda nuestra alegría proviene del hecho de que Dios nos eligió de entre todas las naciones. "Felices de nosotros, cuán buena es nuestra porción y cuán agradable nuestra parte" (de la plegaria de la mañana).

Un versículo tras otro habla de la alegría de la fe en Dios: "Regocíjate, recto, en Dios" (Salmos 97:12); "Regocíjate en Dios" (*Ibid.*104:34); "Ciertamente me regocijaré en Dios, mi alma se exaltará en Dios" (Isaías 61:10), etcétera. En el futuro, cuando el reinado de Dios les sea revelado a todos, "Se regocijará la tierra, se alegrarán las islas" (Salmos 97:1); "los cielos se regocijarán y se alegrará la tierra, y dirán entre las naciones, Dios es Rey"

(Crónicas I, 16:31). "Los ríos aplaudirán y las montañas estarán alegres" (Salmos 98:8).

La canción sagrada tiene el poder de separar el buen espíritu del mal espíritu, de apartar la fe y la creencia de la negación y la mentira. Así es como conectamos todas las cosas a Dios, y la voz que retorna se une a la voz directa. Es debido a esto que la canción es la fuente de tal alegría: "Es bueno agradecer a Dios y cantar... sobre el instrumento de diez cuerdas y sobre el arpa... porque Tú me has hecho regocijar en Tu obra" (Salmos 92:2-5).

La conexión y la unión así forjada por el pueblo judío transforma en alegría "la tristeza y el gemido" (Isaías 35:10). La izquierda se fusiona con la derecha, la voz que retorna con la voz directa, y el Juicio es endulzado al ser unido con la Misericordia superna. Cuando la voz que retorna se unifica a través de las Diez Clases de Canciones, nuestra fe se refina y desaparecen la tristeza y el gemido, que tienen su sustento en el lado de la Justicia. La única manera en que éstos pueden tener algún poder es si no somos conscientes de que la voz que retorna proviene realmente de la voz directa de Dios y que por sí misma no tiene una existencia independiente. Apenas nos volvemos conscientes de esto, se quiebra el poder de la tristeza y el gemido es transformado en alegría. Mediante las Diez Clases de Canciones la voz que retorna se une a la voz directa. Ésta es la unión - *zivug* - del Santo, bendito sea, y de la *Shejiná*.

Pero cuando la persona peca, ello se debe a que es arrastrada por los deseos de este mundo, y se desarraiga de Dios. No sólo deja de unir con su raíz a los mundos creados, sino que también es "el chismoso que separa a los amigos" (Proverbios 16:28, ver arriba), pues ella misma se separa de Dios y también separa a todo lo que depende de ella en el mundo. En lugar de estar fusionada con el lado de la santidad, se vuelca hacia el Otro Lado.

Debido a que los Diez Salmos del Tikún del Rabí Najmán contienen las Diez Clases de Canciones, tienen el poder de transformar la tristeza y el gemido, en alegría. Es por esto que son el remedio para el pecado. Y el remedio estará completo con la llegada del Mashíaj, pues entonces la alegría será muy grande. El rey David mismo fue el rey mesiánico, y debido a esto dedicó su vida a las canciones en el Libro de los Salmos, todos los cuales se fundamentan en las Diez Clases de Canciones. Fue a través de la fortaleza de sus plegarias que pudo transformar la tristeza y el gemido en alegría. Durante toda su vida el rey David corrió grandes peligros. "De no ser que Dios ha sido mi ayuda, mi alma ya habría yacido en silencio" (Salmos 94:17). "Pues no hay más que un paso entre mí y la muerte" (Samuel I, 20:3). Pero el poder de David residía en el hecho de que podía dar vuelta todo, de un extremo al otro. "Las cuerdas de la muerte me rodearon... Encontré problemas y tristeza. Pero yo llamé en el nombre de Dios... Tú has librado mi alma de la muerte, mis ojos de las lágrimas y mis pies del tropiezo. Andaré delante de Dios en la tierra de los vivos" (Salmos 116:3-4; 8-9). Mediante la belleza de sus canciones, transformó la tristeza en alegría. A cada momento era capaz de clamar a Dios usando toda clase de plegarias y súplicas, alabanzas y canciones. Al final se fusionó en la vida eterna: *David, melej Israel, jai vekaiam.* ¡El rey David vive!

Nuestra tarea ahora consiste en separar las chispas de santidad de las profundidades de las cáscaras y transformar la tristeza en alegría. Así es como unimos la voz que retorna con su raíz en la voz directa. Pero en un futuro la tarea de separar y seleccionar se habrá completado. Entonces Dios "tragará a la muerte para siempre y el Señor Dios secará las lágrimas de todos los rostros" (Isaías 25:8). "Y Yo haré que el espíritu de impureza desaparezca de la tierra" (Zacarías 13:2). Éste será el "día que es totalmente Shabat", cuando todas las cosas retornarán a su fuente superna, a la Voz Directa, que es la fuente de toda la alegría y la vitalidad de todos los mundos.

En ese tiempo se cantará una nueva canción, la canción de *Jesed*, del amor. Será la expresión perfecta de las Diez Clases de Canciones. Pues todas las canciones y melodías del presente son un mero y débil reflejo de las Diez Clases de Canciones, dado que la canción aún está enraizada en el lado izquierdo, en el Juicio. Pero en el futuro, cuando sean eliminados para siempre la tristeza y el gemido y todo sea transformado en una alegría perfecta, entonces seremos dignos de escuchar la canción de la voz directa misma: "la alegría más grande y el contento, la alegría de Tu rostro" (Salmos 16:11). Que llegue pronto y en nuestros días. Amén.

(Likutey Halajot, Hiljot Periá uReviá veIshut 3)

7

EN LA PRÁCTICA

1. El deseo sexual está sujeto a los ojos: cuando los ojos vagan, se despierta el deseo. La mitzvá de los *tzitzit*, los flecos en la vestimenta, es una protección contra esto. También protege contra la influencia de aquéllos que son enemigos de la verdad. Debes ser muy cuidadoso con el cumplimiento de esta mitzvá, apropiadamente. Si lo haces, comenzarás a comprender el significado de las enseñanzas de los Tzadikim y podrás seguir su camino. Al cubrirte con los *tzitzit* y recitar la bendición, concéntrate en el pensamiento de que deseas una vida de pureza gobernada por el Santo Pacto y por el consejo y la guía de los Tzadikim. Éste es el fundamento de la verdadera fe. Serás digno de ir a la Tierra de Israel y de acercar la era del Mashíaj. Alcanzarás la verdadera plegaria y con ella el poder de realizar milagros. El sustento te será enviado sin dificultad, porque el sustento de la persona está gobernado por la pureza con la cual conduce su vida. Al final aprenderás a encontrar la sabiduría dondequiera que estés: verás las enseñanzas que están contenidas en todas las cosas que te rodean. Toda la sabiduría del mundo te será revelada como una mesa desplegada plena de delicias (*Likutey Moharán* I, 7:4).

2. Un remedio para la emisión nocturna es conversar con los amigos sobre sus dificultades espirituales y alentarlos en su búsqueda de Dios (*Ibid.* 14:12).

3. El deseo sexual engloba todo el mal. Es la raíz de todos los males que se encuentran en las setenta naciones del mundo. Cada una de las setenta naciones y lenguas está asociada con una

forma especial del mal, un rasgo de carácter negativo especial, un deseo particular por el cual se conoce a esa gente, etc. Este mal especial es lo que une a esta gente con las fuerzas del mal. El deseo sexual es la suma de todo el mal. Todos los diferentes deseos que se encuentran en las setenta naciones están, si así pudiera decirse, reunidos e incluidos en éste. Todos arden en conjunto y el efecto es un horno en llamas que urge a los hombres con la pasión sexual. Pero Dios nos ha separado de las naciones y nos ha exaltado por sobre todas las lenguas. Estamos obligados por tanto a mantenernos aparte de todas las diferentes clases de mal que se encuentran entre ellos. Sus deseos son totalmente nulos para nosotros. Más que todo debemos cuidarnos del deseo sexual, que es la suma de todos los males. El hecho de mantenernos apartados de esto muestra la diferencia esencial entre nosotros y las demás naciones. Es el fundamento de la santidad del pueblo judío. El hombre tiene el poder de desarraigar de sí por completo este impulso. En esto reside nuestra santidad (*Ibid.* 19:3).

4.   La clave para subyugar y quebrar tus deseos, y en especial el deseo sexual, que es la prueba más importante que debemos superar en esta vida, es lograr el dominio de la Lengua Sagrada. Esto quiere decir que debes santificar tu boca con palabras de Torá y de plegaria, las plegarias formales y tu propia y espontánea plegaria privada. Incluso si las palabras que dices están en tu lengua madre, y no en hebreo, aun así son consideradas Lengua Sagrada. (En verdad, cada vez que conversas con Dios utilizando tus propias palabras, éstas *deben ser dichas* en tu propia lengua). El punto es santificar tu boca hablando siempre de manera santa. Esto es lo que quiere decir lograr el dominio de la Lengua Sagrada. Mediante la santificación de tu habla tendrás el poder de subyugar el deseo sexual, que es el mal que incluye a todos los demás (*Ibid.*).

5.   La pureza sexual y el dominio de la Lengua Sagrada están conectados entre sí. Cuantas más palabras de santidad digas, más lograrás purificarte, y de esta manera expiarás toda inmoralidad del pasado. De la misma manera, cuanto más puro seas más dominarás la Lengua Sagrada. Pero debes comprender que una

relación similar existe entre la inmoralidad sexual, Dios no lo permita, y el abuso del lenguaje. Uno alimenta al otro (*Ibid.*).

6.   Utiliza palabras de santidad, de Torá y de plegaria, para enfriar el calor de tu pasión. Como dijo el rey David: "Mi corazón arde dentro de mí; mientras hablaba, el fuego se encendió. Entonces *hablé con mi lengua*" (Salmos 39:4). Si enfrías tu pasión con palabras de santidad, te verás protegido de las emisiones nocturnas (*Ibid.* 19:4).

7.   La tentación sexual es la prueba más importante de la vida. Es enviada como un desafío para refinarnos. Cuando te ves sujeto a esta prueba entras en una especie de "exilio". Debes clamar a Dios: gritar y clamarle a Él una y otra vez, como una mujer durante el trabajo de parto que clama por el dolor de sus contracciones. Ella clama setenta veces (*Zohar* III, 249b). Debes hacer lo mismo y clamar a Dios una y otra vez hasta que Él se apiade y te ayude a fortalecerte y quebrar tu deseo. Entonces te aparecerán nuevas ideas y nuevas percepciones. Los secretos de la Torá, que antes estaban guardados, ahora te serán revelados. Cuanta más grande sea la determinación con la cual enfrentes la prueba, más grande será la revelación que recibirás de Torá y de devoción a Dios. Serás capaz de ver los setenta rostros de la Torá (*Ibid.* 36:1,2).

8.   El *tikún* para las fantasías sexuales es decir las palabras del *Shemá*: "Escucha Israel, el Señor nuestro Dios, el Señor es Uno", y la frase que continúa: "Bendito sea el nombre de Su glorioso reino por siempre". Las seis palabras hebreas de cada una de estas dos frases suman doce, correspondiente a las doce Tribus de Dios. Al decir estas palabras, uno unifica su alma con las Doce Tribus y se separa de la "Multitud Mezclada" que salió de Egipto junto con los hijos de Israel (*Tikuney Zohar*, Introducción). La "Multitud Mezclada" proviene de la "prostituta", la "sierva malvada". Ésta es la fuente de la pasión sexual, que es la raíz de todos los rasgos negativos del carácter (*Ibid.* 3).

9.   Cuando uno tiene meramente un pensamiento errático o fantasía es suficiente con decir los dos versículos que hemos mencionado. Pero cierta gente está plagada de fantasías sexuales,

todo el tiempo. No pueden liberarse de ellas. En ese caso, deben tratar de llorar cuando aceptan el yugo del cielo. Deben llorar literalmente cuando dicen las palabras "Escucha Israel" y "Bendito sea el nombre de Su glorioso reino" (*Ibid.* 6).

10.   Una vez que se quiebra el deseo sexual, es posible quebrar fácilmente todos los demás deseos. Es por esto que el *tikún* para la pureza sexual es llamado el *Tikún HaKlalí*, el *tikún* general. Cuanto más lejos está la persona del deseo sexual, más cerca se encuentra del brillo de la Torá. También ocurre lo opuesto. Esto explica por qué, antes de que la persona pueda recibir una nueva revelación de Torá, primero se la prueba en el crisol de esta pasión. Superar la prueba y quebrar el deseo es como quebrar la cáscara que precede al fruto, haciéndose digna de recibir la revelación (*Ibid.* 6).

11.   La caridad dada en secreto es un *tikún* para la emisión nocturna (*Ibid.* 83).

12.   Los poderes espirituales de la mente y del alma son el escudo contra el deseo sexual. Cada una de las tres principales facetas de la mente es una barrera en sí contra este impulso. El poder del impulso sexual deriva del "espíritu de locura" que abruma a la persona con pensamientos lujuriosos y fantasías. No bien la persona se siente amenazada por ellos debe recordar la intrínseca superioridad del ámbito espiritual. Inmediatamente debe alejarse del "espíritu de locura" y refugiarse en los poderes de su alma, levantando las barreras de la sabiduría y de la inteligencia para protegerse contra este deseo. Ellas son el mejor escudo contra todo. Comprende bien esto. Es algo que realmente no puede ser explicado. Cada individuo verá por sí mismo cómo escapar del "espíritu de locura" y acercarse a sus poderes espirituales, que son un escudo contra ello (*Likutey Moharán* II, 8:2).

13.   Todo judío tiene dentro de sí una chispa del Mashíaj. El grado en que se revele dependerá de la pureza y de la santidad que alcance. Es necesario ser muy cuidadosos para no debilitar esta chispa. Lo más importante es cuidarse del deseo sexual, porque la mínima huella de este deseo puede afectarla seriamente. El espíritu de Mashíaj es un espíritu celoso. Toda la

fuerza de su celo se vuelca contra el lugar en donde se encuentre la más mínima traza de inmoralidad sexual. La santidad y la pureza de todo aquello asociado con Mashíaj es tan grande que incluso la mera alusión a la inmoralidad sexual es algo que no puede ser tolerado. Toda la fuerza de sus celos se dirige contra ello (*Ibid*. II, 32).

14.   Hoy en día es fácil resistir a la tentación. Cuando la gente resiste una tentación, las cáscaras del mal (*klipot*) se quiebran. Entonces a los otros se les hace más fácil poder resistirla. Muchos Tzadikim y hombres rectos ya han resistido tentaciones sexuales muy severas. Ahora incluso una persona común puede superar fácilmente esta prueba, si quiere apiadarse de sí misma en Este Mundo y en el Mundo que Viene (*Sabiduría y Enseñanzas del Rabí Najmán de Breslov* 114).

15.   La única manera de alejarte de tus deseos es apartar tus ojos y tus pensamientos de los objetos capaces de despertar esos deseos (*Sefer HaMidot, Niuf* 9).

16.   No entres en disputa con la tentación. No argumentes ni razones con ella. Abrigar tales pensamientos - aunque más no sea para oponerse - fortalecerá su atracción y terminará arrastrándote tras ellos (*Ibid*. 10).

17.   Todo aquél que tiene la oportunidad de pecar y no lo hace, merecerá que un milagro se produzca en su mérito (*Ibid*. 20).

18.   La emisión en vano de semen crea *klipot* que se invisten en la gente que se opone a uno y lo hacen sufrir (*Ibid*. 26).

19.   Si quieres guardar la señal del Pacto, debes decir siempre la verdad. También debes actuar con bondad incluso con las personas de las cuales no esperas nada a cambio (*Ibid*. 29).

20.   Alguien que es culpable de quebrar el Pacto debe compensarlo buscando la paz (*Ibid*. 30).

21.   La disputa lleva a la persona hacia la inmoralidad (*Ibid*. 31).

22.   Hacerles favores a los demás elimina de la persona los deseos lujuriosos (*Ibid*. B, 5).

23.   La alegría abre el corazón (*Ibid*. 2).

24.   Dar caridad de todo corazón te llevará a la alegría (*Sefer HaMidot, Simja* 4).

25.   Mediante la fe perfecta alcanzarás un nivel en el que anhelarás servir a Dios con cuerpo y alma (*Ibid.* 19).

26.   La alegría revela la gloria del hombre. Mediante la alegría alcanza la sabiduría y el conocimiento (*Ibid.* 27).

27.   Grande es la caridad, porque acerca la redención. Salva de la muerte a quien da y le permite recibir a la *Shejiná*. Es alguien que Le presta a Dios. Su fortuna se realza y es llamado un "tzadik perfecto" (*Sefer HaMidot, Tzedaka* 2-7).

28.   Dar caridad ayuda a alejarse de los malos hábitos (*Ibid.* 8).

29.   Todos los centavos llegan a sumar una gran cantidad (*Ibid.* 16).

30.   Cuando la persona busca oportunidades para dar, el Santo, bendito sea, encuentra maneras de proveerla del dinero y de la gente digna con quienes cumplir la mitzvá y ganar su recompensa. Sus hijos serán bendecidos con riquezas, sabiduría y dominio de las tradiciones rabínicas (*Ibid.* 19).

31.   En Rosh HaShaná la persona es juzgada con respecto a cuánto perderá en el año entrante. Si es digna, les dará ese dinero a los pobres (*Ibid.* 20).

32.   Cuando la persona no da caridad, los gobiernos emiten malos decretos y se llevan el dinero de la gente (*Ibid.* 26).

33.   Da caridad con ambas manos y tus plegarias serán respondidas (*Ibid.* 27).

34.   Mediante la caridad tendrás hijos, y la paz reinará entre ellos (*Ibid.* 32).

35.   La caridad es más grande que todos los sacrificios (*Ibid.* 62).

36.   Los actos de bondad son más grandes aún que la caridad (*Ibid.* 63).

37.   Dar caridad endulza el juicio futuro - el Día del Juicio (*Ibid.* B, 6).

38.   Los actos de bondad traen larga vida (*Ibid.* B, 13).

8

RETORNANDO

El Tikún del Rabí Najmán es un poderoso medio para hacer que nosotros y el mundo entero retornemos a Dios. Aquí presentamos una selección de diversos pasajes de los escritos del Rabí Najmán y del Rabí Natán sobre la *Teshuvá*, el retorno.

Arrepentimiento

El *Zohar* afirma que el arrepentimiento no ayuda para el pecado de la emisión en vano de semen (*Zohar* I, 118a, 219b). El Rebe dijo que no es así. El arrepentimiento ayuda para todos los pecados. También dijo que nadie más que él comprendía el significado de este pasaje del *Zohar*. La verdad es que el arrepentimiento ayuda ciertamente para este pecado, incluso si uno lo ha repetido muchas veces. El verdadero arrepentimiento implica nunca volver a repetir el pecado. Debes ir al mismo lugar y enfrentarte con la misma situación anterior, con la misma tentación. Sólo que ésta vez debes asegurarte de no hacer lo mismo que hiciste antes. Debes quebrar el deseo y resistir la tentación. Esta es la esencia del arrepentimiento.

(*Sabiduría y Enseñanzas del Rabí Najmán de Breslov* 71)

Escribe el Rabí Natán:

La gota que emerge del lugar del Pacto es santa. Contiene la luz del santo "punto" del cual irradia el alma. Está prohibido emitir la simiente del cuerpo a no ser en un contexto de unión santa, porque de otra manera ello equivale a destruir el mundo. El motivo por el cual se afirma que la *teshuvá*, el arrepentimiento, es imposible para aquel que derrama su simiente en vano es porque no tiene un lugar *adonde* retornar. ¿Adónde podrá retornar ahora que ha arruinado el "punto" mismo, que es la raíz misma de su vitalidad? La *teshuvá* es posible mientras el "punto" de la persona se mantenga intacto. Pero cuando alguien arruina este punto y lo desarraiga, si así pudiera decirse, Dios no lo permita, ¿adónde podrá retornar?

Incluso así, la verdad es que "nada puede oponerse a la *teshuvá*" (cf. *Ierushalmi Peá* 1:1; *Sanedrín* 10:1; *Zohar* II, 106a, etcétera). Encontramos esta máxima en toda la literatura de la Torá. Si alguien se arrepiente de este pecado seguramente será perdonado. Pero la única manera en que puede retornar a Dios es con la ayuda del Tzadik de la generación, porque el Tzadik es el "punto" *abarcador* del cual toman todos los otros "puntos". Este pecador que ha derramado su simiente y ha arruinado su propio "punto" está obligado a recibir nuevamente la luz del "punto". Esto sólo es posible con la ayuda del Tzadik de la generación, que es la raíz de todos los "puntos" y quien por lo tanto tiene el poder de irradiarle nuevamente su "punto". La justicia estricta demanda que tal pecador no tenga la posibilidad del arrepentimiento. Pero si se siente pleno de remordimiento y clama ante Dios, incluso el arrepentimiento de aquel que es indigno de recibir el perdón será aceptado, a través del libre e incondicional amor de Dios.

Esto en sí mismo es el remedio, el hecho de que el pecador logra despertar la misericordia de Dios, de modo que Dios acepta su arrepentimiento. El arrepentimiento del pecador despierta y revela una dimensión totalmente nueva del amor de Dios, una dimensión que nunca antes había sido revelada. El amor revelado en el mundo hasta ese momento no se extendía para garantizar la expiación por su pecado, porque "la *teshuvá* no ayuda" en este caso. El motivo es que allí donde la *teshuvá* ayuda para los pecados, es sólo debido al atributo de la bondad de Dios tal cual se revela en el mundo. Si la *teshuvá* no ayuda para este pecado, como afirma el *Zohar*, es debido a que el amor que existe en el mundo, y que ha sido revelado hasta ahora, no sirve para este pecado. Y así debe ser, porque al dañar el "punto" que es la luz del amor, el pecador ha dañado la luz misma de la bondad. Es por esto "que no hay arrepentimiento para él".

Por lo tanto, cuando Dios desea apiadarse de él, le muestra una *nueva* bondad que nunca antes existió. Dios renueva su bondad y revela un nuevo rostro para curar y perdonar incluso a aquel que ha cometido este pecado. Esto es en sí mismo el remedio, porque se ha revelado una nueva faceta del amor de Dios y el pecador recibe un *nuevo* "punto" a través de este nuevo amor. Esto se debe a que el "punto" es en sí amor, como se explicó arriba. A través de la misma revelación de este nuevo amor el pecador recibe la luz del "punto", que es la bondad, y esto es su remedio. Comprende bien esto.

La única manera de que este remedio pueda lograrse en su plenitud es a través de Mashíaj. Mashíaj se ocupará especialmente del remedio para este pecado. Está escrito, "Él reunirá a los dispersos de Israel" (Isaías 11:12). Esto quiere decir que él reunirá a todos los marginados y a aquéllos que han sido dispersados hacia los cuatro confines del planeta. Éste es el remedio para este pecado. Pues Mashíaj encarna la luz de este nuevo amor que viene a remediar todo, tal cual está escrito, "Y Él hace *bondad* para con su ungido - *Meshijó*" (Salmos 18:51). Está escrito, "Y un redentor vendrá a Sión y a aquellos de Iaacov que retornen del pecado" (Isaías 59:20). "Aquéllos que retornen del pecado" se refiere a aquéllos que se arrepienten del pecado de la emisión en vano de semen, aquéllos que previamente eran "hijos de la transgresión, simiente de falsedad" (*Ibid.* 57:4). Es precisamente a esta gente que vendrá el recto redentor, porque todos los remedios llegan a través de él. Cuando él llegue y los cure, entonces el "punto" volverá y brillará dentro de ellos. Éste es el significado de las palabras que siguen (*Ibid.* 59:21): "Y en cuanto a Mí, éste es Mi pacto con ellos... Mi espíritu que está sobre ti y Mis palabras que he puesto en tu boca..."; esto se refiere al "punto" que se encuentra allí donde es observado el pacto de paz. Ésta es la fuente de la inspiración divina (*Ruaj haKodesh*).

(*Likutey Halajot, Oraj Jaim, Hiljot Tefilín* 2, 11-12)

* * *

Circuncida el prepucio de tu corazón...

Enseña el Rabí Najmán:

Para sentir sinceramente el dolor de sus pecados, uno debe circuncidar el prepucio de su corazón. Mientras el corazón se encuentre incircunciso y cerrado, uno no puede sentir verdaderamente este dolor. Recién cuando retire el prepucio y tenga un vacío en su corazón podrá sentir la verdadera intensidad de su dolor y sentir verdadera contrición y remordimiento.

Tan grande debe ser su remordimiento que todos los corazones y todas las gotas que han salido de él también lo sentirán, en los lugares donde se encuentren - aquéllos que salieron de él y fueron seres humanos, y aquellos que salieron de él y fueron hacia el Otro Lado (*Sitra Ájara*), Dios no lo permita. Porque también allí, bajo el dominio de las fuerzas del Otro Lado, ellos tienen un corazón y miembros. Cuando el padre circuncida su corazón y siente el dolor y comienza a arrepentirse, entonces todos los corazones en todas esas gotas también lo sentirán y llegarán a saber la verdad, cómo están hundidos en esos lugares inmundos, en los abismos más profundos del infierno. Antes de esto ellos piensan que las cosas están bien, porque ellos son los destructores del mundo. Recién cuando sus corazones son circuncidados a través de la circuncisión del corazón de su padre, sienten la verdad de su situación y comienzan a lamentarse y a sentir dolor, creando una gran conmoción.

"El Señor tu Dios circuncidará tu corazón y el corazón de tu simiente" (Deuteronomio 30:6). Cuando Dios circuncida el corazón de un hombre también circuncida el corazón de su simiente, dondequiera que esté. Si se han vuelto seres humanos también ellos necesariamente tendrán pensamientos de arrepentimiento, ahora que el corazón de su padre ha sido circuncidado. Y si la simiente fue hacia un lugar diferente, Dios no lo permita, entonces los corazones de la simiente son circuncidados allí. También ellos sienten el dolor.

El momento más propicio para el arrepentimiento es durante el mes de Elul. El nombre *ELUL* está compuesto por las primeras letras hebreas de las palabras "*Et Levavja Veet Levav,* tu corazón y el corazón (de tus hijos)" (*loc. cit.*). Tanto si la simiente se volvió hijos humanos o lo otro, todos ellos van detrás de su padre. Cuando el hombre fallece, los destructores que ha engendrado también van detrás de su ataúd, lamentándose, al igual que los hijos humanos. Sólo que el hecho de que estén allí lamentándose es una ignominia terrible para el hombre muerto: que Dios nos salve de tales castigos.

(Likutey Moharán I, 141)

Trayendo a otros de retorno

La manera de expiar la emisión en vano de semen es tratar de traer a los demás de retorno hacia Dios.

(Sefer HaMidot, Niuf 41)

Para enmendar la impureza, la persona debe traer a la gente de retorno a Dios. Está escrito: "Si te volvieres, Yo te restauraré, para que puedas estar de pie delante de Mí y *si extraes lo precioso de lo vil* serás entonces como boca Mía" (Jeremías 15:19). La palabra para "precioso" es IaKaR. Sacar lo "precioso" es el remedio para la impureza, que es KeRI.

(Likutey Moharán I, 14, final)

En la última lección de su vida, el Rabí Najmán explicó la incalculable grandeza de traer una nueva alma hacia la comunidad de los judíos:

Con cada nuevo judío que se une a la plegaria, ésta se vuelve mucho más plena y grande. Cuantas más almas judías se reúnan, más se agranda y se magnifica la Casa de la Plegaria. Pues "tres piedras construyen seis casas, cuatro piedras construyen veinticuatro casas, cinco piedras construyen ciento veinte casas... hasta que la boca no puede expresarlo ni el corazón concebirlo" (*Sefer Ietzirá*). Con cada judío adicional el número de casas se multiplica enormemente. Pues las piedras son almas, como en "las *piedras* santas han sido esparcidas por las encrucijadas de las calles" (Lamentaciones 4:1). Las "casas" son la

Casa de la Plegaria, pues "Mi Casa será llamada Casa de Plegaria" (Isaías 56:7). Cada vez que una nueva alma se agrega a la asamblea de Israel, la Casa de la Plegaria se agranda y magnifica poderosamente. Pues cuando un alma más se agrega a la asamblea de Israel, se crean enormes y diferentes combinaciones. Las cantidades involucradas son inabarcables... Cuando un judío se agrega, la plegaria se vuelve incalculablemente más plena y grande. Al crecer la plegaria, de la misma manera es perdonado el pecado. Eso es la curación.

(Likutey Moharán II, 8,6)

Comentando este pasaje, el Rabí Natán trata el concepto de la progresión matemática implicada en la multiplicación de las Casas:

Cada vez que se agrega una nueva piedra, ésta aumenta el número de casas correspondiente al nuevo total de piedras multiplicado por el previo total de casas. Por ejemplo, al principio había dos piedras que construyeron dos casas, pues las dos piedras sólo pueden combinarse de dos maneras posibles. Cuando se agrega una nueva piedra el número de casas aumenta entonces a seis, que es el producto del nuevo número de piedras, tres, por el total previo de casas, dos. Tres multiplicado por dos es seis. Entonces, cuando se agrega una piedra más formando cuatro, el número de casas aumenta a cuatro multiplicado por el total previo de seis casas, veinticuatro. Si continúas con la progresión verás que trece piedras hacen seis mil doscientos veintisiete millones, veinte mil ochocientas casas (6.227.020.800). Si comprendes el principio de la progresión, también serás capaz de apreciar cuánto multiplica cada piedra adicional, es decir cada nueva alma, el número de casas al ser agregada a la asamblea de almas que existía previamente.

"El Rabí Shimón ben Iehudá de Acco dijo en el nombre del Rabí Shimón: No hay uno solo de los seiscientos trece preceptos de la Torá que no tenga cuarenta y ocho pactos correspondientes, cada pacto consiste de 603.550 pactos de acuerdo con el número de almas de Israel" (*Sotá* 37b). Por lo tanto cada judío es responsable por todos los otros judíos; cada judío es entonces responsable por los cuarenta y ocho pactos con todas las seiscientas tres mil quinientas cincuenta almas presentes en el Sinaí. El Talmud agrega además que cada judío no sólo es responsable por cada otro judío sino también por todos aquéllos de los cuales los otros son responsables, es decir, las seiscientas tres mil quinientas cincuenta almas. De modo que cada judío tiene la responsabilidad de cuarenta y ocho pactos con cada una de las seiscientas tres mil quinientas cincuenta almas, multiplicado por las seiscientas tres mil quinientas cincuenta almas de las cuales es garante cada uno de sus compañeros. Así el número total de pactos era, de acuerdo con el primer punto de vista:

$$613 \times 48 \times 603.550 = 17.758.855.200$$

Y de acuerdo con el segundo punto de vista:

$$613 \times 48 \times 603.550^2 = 10.718.357.055.360.000$$

Esta última cifra tiene diecisiete dígitos, haciéndola casi astronómica. El número es imposible de comprender. Se encuentra más allá de diez mil millones de millones. Si una persona viviera quince mil años, sería capaz de contar sólo hasta un millón de millones, en el supuesto caso de que pudiese contar cien por minuto. Cada millón de millones sólo tiene trece dígitos, lo que da alguna idea de la inmensidad de los pactos con un número de diecisiete dígitos.

Como si el número de pactos no fuera suficientemente grande, ven y mira el número de casas producidas cuando una nueva alma entra a una santa asamblea de sólo veinte almas. El número sobrepasa en mucho el número de pactos, incluso de acuerdo al segundo punto de vista de que cada judío es responsable por todos aquellos de los cuales los otros son responsables. Si trabajas en ello de acuerdo al principio explicado arriba encontrarás que el número de casas producido por veintiún almas es 2.432.902.008.176.640.000, un número de diecinueve dígitos. Y cuando se le agrega otra alma, este número se multiplica por veintidós... Y así en más. Piénsalo por un momento: quedarás asombrado y temblando ante el número inexpresable e inconcebible de casas formadas a partir de las combinaciones, un número que excede por lejos el número de pactos. Y todas estas casas se forman a través del poder de los grandes Tzadikim, cuya obra es construir casas de santidad mediante las almas de Israel.

(*Tzadik, Jaiei Moharán*, 169-43)

En otro lugar escribe el Rabí Natán:

Nos deja un profundo sentido de sobrecogimiento, y en verdad de temor y temblor, cuando contemplamos la amplitud de nuestra responsabilidad para con nuestros hermanos judíos, tal como está explicado en el Talmud (ver el pasaje citado arriba en *Sotá* 37b). ¿Quién puede llegar a cumplir con sus obligaciones? Si al menos pudiéramos cumplir con las leyes de la Torá nosotros mismos, ni hablar entonces de la responsabilidad para con nuestros hermanos judíos, especialmente hoy en día, cuando la gente religiosa es despreciada y no hay nadie que pueda corregir a los demás, y cuando la verdad ha sido arrojada a la tierra. Los pecadores abundan: en muchos casos se muestran abiertamente y sin vergüenza; en otros, pecan en secreto y se presentan como muy piadosos, al tiempo que persiguen a aquellos que son genuinamente temerosos de Dios.

Pese a todo esto no podemos decir que el concepto de responsabilidad se aplique hoy menos que antes. La Torá y sus enseñanzas son eternas. Cada persona está obligada a cumplir hoy en día con las obligaciones que aceptamos en el Sinaí. Pero esto parece muy difícil, especialmente si pensamos en la amplitud de nuestra responsabilidad como se explicó en la lección sobre el número de pactos de los cuales es responsable cada judío. ¿Quién puede ponerse a la altura de sus obligaciones y asumir la responsabilidad por los miles de miles y millones de millones de pactos de los cuales es garante?

Por lo tanto es tranquilizador contemplar la inexpresable cantidad de casas que se construyen cuando se agrega un alma a la asamblea de Israel, un número muy superior al número de pactos del cual uno es responsable. Esto nos permite cumplir con nuestra responsabilidad al hacer que al menos una sola persona retorne a Dios y transforme su vida para mejor. Al menos deberíamos tratar de influenciarla para que cambie su vida, aunque sea un poco y para que disminuya el número de sus transgresiones al tiempo que aprende a orar y a ser más observante.

Si se agrega una sola alma a la comunidad, se crean muchos millones de millones de casas santas, muchas más que el número de pactos. Y como enseñó el Rebe cuando reveló esta enseñanza, cuanto más grande es el número de casas, más grande es la posibilidad de hacer retornar las almas que están completamente afuera, porque hay muchas más casas que también las rodean. De esta manera *tú* puedes cumplir con tu responsabilidad para con tus hermanos judíos, haciendo que alguien se acerque a Dios. Cuantas más almas puedas acercar a Dios más se multiplicarán las casas hasta que incluso las piedras santas que han sido "esparcidas por las encrucijadas de las calles" podrán retornar.

(*Likutey Halajot, Even HaEzer, Hiljot Periá uReviá* 5:12)

Un Cuarto de Hora

> Por un pequeño placer que dura un mero *cuarto de hora*, la persona puede perder este mundo y el próximo.
>
> (*Likutey Moharán* II, 108)

Es de notar que el Rebe utilizó la expresión "un cuarto de hora". El *Midrash Talpiot* (v.i. Las divisiones de la hora) indica que la hora se divide en 1080 momentos (ver *Mishné Torá, Hiljot Kidush HaJodesh* 6:2). De modo que un cuarto de hora contiene 270 momentos. La manera de expresar 270 en hebreo es *Resh* (200) más *Ain* (70) que se pronuncia *RA*.

"Y Er (*Ain-Resh*) era malo (*RA*) a los ojos de Dios, y Dios lo mató" (Génesis 38:7). De esto aprendemos que todo el error de Er duró sólo doscientos setenta (*Ain-Resh*) momentos, un cuarto de hora, y por esto Dios lo mató. Porque el hecho de que un Tzadik perfecto como él hubiera errado incluso por un período de tiempo tan corto era una falta de la mayor gravedad.

Dicen los sabios, "La inclinación del hombre lo ataca cada día, tal como está escrito (Génesis 6:5), 'Toda la imaginación de los pensamientos de su corazón es sólo mal (*RA*) todo el día' (*Suká* 52a)".

Este versículo elegido por los sabios es significativo. Contiene la alusión a la manera en la cual la gente imagina que sus pecados son mínimos, como si ellos pecaran por día sólo un mero cuarto de hora (*Resh-Ain* momentos). Así es precisamente cómo la inclinación al mal los lleva a pecar más aún. El cuarto de hora por día, "sólo *RA* todo el día", resulta ser un mínimo. La gente piensa que es sólo durante un mero cuarto de hora cada día que la mala inclinación los ataca y los hace pecar. Así es como justifican sus pecados.

* * *

La Hierba Amarga

Cierta vez un judío y un alemán viajaban juntos como vagabundos. El judío le dijo al alemán que se hiciese pasar por judío (ya que su idioma era similar) y que así los judíos tendrían compasión de él.

Dado que se acercaba Pesaj, le enseñó cómo comportarse (si era invitado a un Seder, [la cena festiva de Pesaj]). Le dijo que en todo Seder se hacía un *Kidush* [santificando el vino] y que luego se lavaban las manos. Pero se olvidó de contarle sobre la hierba amarga (*maror*).

El alemán fue invitado a una casa y, hambriento como estaba por no haber probado bocado en todo el día, no veía el momento de comer los deliciosos manjares que le había descripto el judío. Sin embargo, primero le dieron un poco de apio (*karpas*) embebido en agua salada y las otras cosas servidas en el Seder. Luego comenzaron a recitar la Hagadá relatando el Éxodo de Egipto mientras él esperaba allí, sentado, el comienzo de la cena, de modo que se puso muy contento cuando le sirvieron la *matzá*.

Fue entonces que le dieron un trozo de rábano picante (*jrein*) como hierba amarga, que tenía un sabor sumamente amargo y picante y el alemán creyó que allí terminaba la cena. Sin esperar más, salió corriendo de la casa, amargado y hambriento, diciéndose a sí mismo, «¡Malditos judíos! Luego de toda esa ceremonia, ¡eso es lo único que sirven!». Fue entonces a la sinagoga y allí se durmió. Tiempo después llegó el judío, contento y satisfecho de una buena comida. «¿Cómo estuvo tu Seder?» le preguntó. El otro le contó lo que había sucedido. «¡Estúpido alemán!», le dijo el judío. «Si sólo hubieses esperado un poco más, habrías tenido una excelente comida, como la que yo tuve».

Lo mismo ocurre cuando uno quiere acercarse al Santo, bendito sea. Luego de todo el esfuerzo para comenzar se hace presente un poco de amargura. Esta amargura es necesaria para purificar el cuerpo. Pero la persona puede pensar que esa amargura es todo lo que se consigue al servir al Santo, bendito sea, de manera que se aleja de allí. Pero si esperara un poco y permitiera que su cuerpo se purifique, entonces sentiría toda la alegría y el deleite del mundo en su cercanía al Santo, bendito sea.

(Los Cuentos del Rabí Najmán 23)

*

El Santo Melancólico

La tristeza es un rasgo despreciable. Uno debe mantenerse alejado de ella lo más posible y es muy necesario darse ánimo y elevar el espíritu. Es necesario que la persona comprenda que el mínimo movimiento que haga hacia el servicio del Creador, bendito sea, es algo muy precioso a los ojos del Santo, bendito sea. Esto es verdad incluso si la persona sólo se mueve el ancho de un cabello.

Esto se debe a que la persona existe en un cuerpo físico, en el más bajo de los mundos. De manera que cada movimiento le resulta extremadamente difícil y ello es muy valioso a los ojos del Santo, bendito sea.

Había una vez un tzadik sobre el cual se abatió una gran tristeza y melancolía. Esta tristeza y melancolía era algo muy duro para él pues fue aumentando cada vez más hasta que se hundió en la apatía y en la lobreguez, llegando al punto en que le era literalmente imposible realizar el menor movimiento.

Quería alegrarse y animarse, pero le era imposible. Cada vez que encontraba algo que lo podía alegrar, el Malo le hacía ver allí la tristeza. De modo que le era imposible hacer cosa alguna que lo alegrase, pues todo lo que encontraba no era más que tristeza.

Finalmente, el tzadik comenzó a meditar sobre el hecho de que el Santo, bendito sea, no lo había hecho pagano. De hecho ésta puede ser la fuente de una ilimitada alegría. Es imposible llegar a imaginarse los miles de niveles que separan al más bajo de los judíos del impuro nivel espiritual de un idólatra.

El tzadik consideró la bondad del Santo, bendito sea, en *no haberlo hecho un pagano* y comprendió que eso podía ser una fuente de gran alegría, sin tristeza alguna.

Cuando la persona trata de encontrar alegría en algo que ella misma ha hecho, es posible que encuentre tristeza en cada una de esas alegrías. No importa lo que haga, siempre puede encontrarle fallas, de modo que no le será útil para elevarse y ser feliz. Pero en el hecho de que *Él no me hizo pagano*, no hay tristeza alguna. Pues esto proviene del Santo, bendito sea; Él lo hizo de la manera como lo hizo y tuvo piedad de él al no hacerlo pagano. Dado que eso es obra del Santo, bendito sea, no hay en ello falla alguna y por lo tanto no hay defecto en ese alegrarse. Pues sea como fuese, existe una inimaginable diferencia entre esta persona y un idólatra.

El tzadik comenzó a alegrarse con esto. Fue alegrándose y elevándose poco a poco, continuando más y más hasta que llegó a un grado tal de felicidad que se encontró en el mismo nivel de alegría como el que experimentara Moisés cuando subió a las alturas para recibir las Tablas.

Mediante esta elevación y alegría fue capaz de volar muchas millas dentro de los universos superiores. Se vio a sí mismo y se dio cuenta de que estaba muy lejos del lugar en el que había estado en un comienzo. Esto lo preocupó pues sintió que al descender se encontraría muy lejos de su lugar original y cuando la gente descubriese que él había desaparecido, pensarían en ello como en algo maravilloso. El tzadik no deseaba semejante publicidad dado que siempre había querido *caminar con modestia frente al Santo, Bendito sea* (Mija 6:8).

La alegría llegó a su fin, pues la alegría tiene un límite. La alegría comienza automáticamente y termina automáticamente. Pero cuando la alegría termina, lo hace poco a poco. De manera que el tzadik fue descendiendo poco a poco, bajando desde el lugar al cual había ascendido durante su período de alegría. Finalmente retornó al lugar del cual había salido. Y mucho se sorprendió, pues se encontraba exactamente en el mismo lugar donde había estado en un comienzo.

Se dio cuenta de que había regresado al mismo lugar donde había estado al principio. Al contemplarse vio que no se había movido en absoluto o que, si lo había hecho, no era más que el ancho de un cabello. Se había movido tan poco que nadie más que el Santo, bendito sea, era capaz de medirlo. El tzadik estaba muy asombrado por ello. Había volado tan lejos, a través de tantos universos y, al mismo tiempo, no se había movido en absoluto.

Esto le mostró cuán precioso es el más mínimo movimiento a los ojos del Santo, bendito sea. Cuando la persona se mueve en este mundo aunque sea el ancho de un cabello, ello puede ser considerado como más que miles de millas e incluso miles de universos.

Esto puede comprenderse cuando entendemos que el mundo físico no es más que el punto central en medio de las esferas. Esto es algo conocido por los sabios en astronomía. Comparado con los universos superiores, todo el universo físico no es más que un punto.

Si se extienden líneas divergentes hacia afuera desde el punto central, como los rayos de una rueda, puede verse que cuanto más cerca se encuentran del centro, más cercanas están la una de la otra. Y que cuando más lejos se extienden desde el punto central, más lejos se encuentran esas líneas entre sí. De modo que cuando las líneas están muy lejos del punto central están muy separadas entre sí y cuando están cerca del punto central se encuentran extremadamente cercanas las unas de las otras.

Si uno imagina que de la tierra salen líneas hacia las esferas superiores, podrá ver que aunque se mueva el ancho de un cabello, ese movimiento se reflejará como un movimiento de miles de millas en las esferas superiores. Estará en relación directa con lo elevadas que se encuentran las esferas con respecto a la tierra. Las esferas deben ser inmensas, dado que hay innumerables estrellas y cada estrella es por lo menos tan grande como nuestro planeta.

Y más aún cuando se consideran los universos superiores, comparados con los cuales, hasta la esfera astronómica más elevada es como la nada. De manera que la distancia que separa a esas líneas que se extienden hacia el mundo superior es inconmensurable. Un movimiento de menos del ancho de un cabello, tan pequeño que sólo el Santo, bendito sea, puede llegar a estimar, puede reflejar el pasaje a través de miles de universos y miles de millas en los mundos superiores.

Cuánto más aún si uno viaja una milla o más para servir al Santo, bendito sea. *Ningún ojo lo ha visto...* (Isaías 64:3).

(*Los Cuentos del Rabí Najmán* 16)

9

EL CASTILLO DE AGUA

El cuento del Rebe Najmán denominado Los Siete Mendigos fue relatado en el mismo período en el cual reveló la enseñanza de los Diez Salmos que componen el *Tikún HaKlalí*. La historia fue relatada entre el 30 de marzo y el 10 de abril del año 1810 (ver Capítulo 4 con respecto a cuándo fue revelado el *Tikún HaKlalí*). La historia contiene muchas alusiones a los conceptos del Tikún del Rabí Najmán. Esto es especialmente claro en la historia del Sexto Día. Aquí el mendigo que no tiene manos relata cómo salvó a la princesa que huyó hacia el Castillo de Agua:

Había una vez un rey que deseaba a la Hija de la Reina. Este rey intentó secuestrar a la joven por todos los medios posibles, hasta que finalmente tuvo éxito y la tomó cautiva.

Pero entonces el rey tuvo un sueño. En el sueño la Hija de la Reina estaba de pie sobre él y lo mataba.

Al despertar tomó el sueño muy en serio y llamó a todos sus intérpretes. Ellos le dijeron que eso se haría realidad en su sentido más literal y que ella terminaría por matarlo.

El rey no decidía qué actitud tomar con ella. Si la mataba sentiría pesar. Si la expulsaba, otro hombre llegaría a poseerla y eso era algo que lo enervaba y que lo frustraría sobremanera, dado que había trabajado mucho para conseguirla y entonces ella sería de otro hombre. Más aún, si la desterraba y ella terminaba con otro hombre habría una posibilidad mayor para que el sueño se hiciera realidad. Con un aliado le sería más fácil matarlo.

Pero seguía temiendo a causa del sueño y no quería tenerla cerca. De manera que el rey no sabía qué hacer con ella.

Como resultado del sueño, su amor por la joven fue decreciendo gradualmente y con el tiempo su deseo por ella fue menguando cada vez más. Y lo mismo sucedía con ella. Su amor por él fue declinando más y más hasta que llegó a odiarlo. Y finalmente terminó por huir.

El rey envió hombres en su búsqueda quienes al retornar le informaron que ella se encontraba cerca del Castillo de Agua.

Éste era un castillo hecho de agua. Tenía diez paredes, una dentro de la otra y todas hechas de agua. Los pisos dentro de este castillo eran de agua y también había árboles y frutas, todos hechos de agua.

Está de más decir cuán hermoso y fuera de lo común era el castillo. Un castillo de agua es de hecho algo hermoso e inusual.

Es imposible que alguien entre al Castillo de Agua, pues está hecho todo de agua y cualquiera que entrase en él se ahogaría.

Mientras tanto, la Hija de la Reina, que había huido hacia ese castillo rondaba alrededor del Castillo de Agua.

El rey fue informado que ella rondaba alrededor del castillo y tomando su ejército salió a capturarla.

Cuando la Hija de la Reina los vio venir decidió huir hacia el castillo. Prefería ahogarse antes que ser capturada por el rey y tener que quedarse con él. También existía la posibilidad de que pudiese sobrevivir y ser capaz de llegar hasta dentro del Castillo de Agua.

Cuando el rey vio que huía hacia el agua, dijo, «Si así es como son las cosas...» y dio órdenes de dispararle, diciendo, «Si muere, que muera».

Los soldados dispararon contra ella y la alcanzaron con las diez clases de flechas, untadas con las diez clases de venenos. Ella corrió hacia el castillo y entró en él. Atravesó los portales de los muros de agua, (pues los muros de agua tienen tales portales), pasó a través de las diez paredes del Castillo de Agua y llegó a su interior, donde se desplomó inconsciente.

Y yo la curé. Aquél que no posee las diez clases de caridad no puede atravesar las diez paredes, pues allí se ahogaría en el agua. El rey con su ejército intentó perseguirla pero todos se ahogaron. Yo, por mi parte, fui capaz de atravesar las diez paredes de agua.

Estas paredes de agua son como las olas del mar que se yerguen como un muro. Los vientos mantienen las olas y las elevan. Estas olas constituyen las diez paredes que se yerguen allí de manera permanente, elevadas y mantenidas por los vientos. Pero yo fui capaz de entrar a través de esas diez paredes.

También fui capaz de extraerle a la Hija de la Reina las diez clases de flechas. Yo conocía también las diez clases de pulsos y pude detectarlos con mis diez dedos. Cada uno de los diez dedos tiene el poder de detectar una de las diez clases de pulsos. Y entonces pude curarla mediante las diez clases de melodías.

(*Los Cuentos del Rabí Najmán* pg. 237-239)

El Alma Acosada

Escribe el Rabí Natán:

El significado interno de estos cuentos está oculto de todos los mundos. Aun así el Rebe Najmán dejó en claro que todos tienen derecho a tratar de descubrir el significado que puedan en cada uno de ellos. La princesa es un símbolo de las almas de Israel, que son llamadas la «hija del Rey»: «escucha, *hija*, y mira... adentro está toda la gloria de *la hija del rey*» (Salmos 45:11-14). El rey que la secuestra es la mala inclinación, «un *rey* viejo y tonto» (Eclesiastés 4:13).

El rey vio en un sueño que ella lo mataría, porque el Malo mismo ve y comprende que al final las almas de Israel se levantarán y lo destruirán, quitándolo del mundo. Pues «Yo haré que el espíritu de impureza desaparezca de la tierra» (Zacarías 13:2). Esto se refiere a la hija del Ángel de la Muerte, que es lo mismo que la mala inclinación. De acuerdo con esto, el Rey trató de pensar qué debía hacer con ella, destruyendo así el amor entre ellos. Y ella huyó.

Incluso cuando un alma judía se encuentra en sus garras, la mala inclinación sabe que al final el alma saldrá victoriosa. De modo que conspira contra el alma, estropeando el amor entre ambos. Inicialmente había un cierto lazo de amor entre ellos.

Esto se debe a que en la profundidad del exilio el alma olvida su verdadero nivel y queda unida de alguna manera a la mala inclinación. Pero cuando el alma ve cómo la mala inclinación está tramando contra ella, comienza a defenderse y trata de encontrar maneras de escapar. El lazo se rompe y ella huye, como Iaacov huyó de Laván (Génesis 31:21). Pues Iaacov es la totalidad de todas las almas de Israel. De manera similar «el pueblo huyó» de la servidumbre del faraón (Éxodo 14:5). Y así dijo el rey David, «Pudiera yo tener alas como la paloma... Me apuraría a ocultarme» (Salmos 55:7).

Cuando la princesa huyó, el rey levantó todo su ejército y corrió tras ella. De la misma manera la mala inclinación junta todas sus fuerzas y corre detrás del alma judía cuando ve que ésta quiere escapar y huir. Cuanto más lucha el alma contra ella más fuertemente la ataca. Pues «aquél que es más grande que su compañero tiene una mayor inclinación al mal» (*Suká* 52a), apenas uno comienza a defenderse se encuentra a un nivel más elevado y por tanto es «más grande».

La Huida

El rey alcanzó a la princesa en la fortaleza de agua con sus diez paredes de agua. La princesa entró y pasó a través de las diez paredes de agua hasta que estuvo bien adentro. La sabiduría de la Torá es llamada agua: «Y la tierra estará llena del conocimiento de Dios, tal como las *aguas* cubren el mar» (Isaías 11:9). «Todo aquél que tenga sed, que venga por agua» (*Ibid.* 55:1). Las diez paredes de agua significan la Torá en su totalidad, porque toda la Torá está incluida en los Diez Mandamientos, que contiene los diez niveles de profecía (ver *Likutey Moharán* II, 8). Es imposible entrar en el agua de la sabiduría y conocer a Dios si no es a través de la Torá, que se yergue como un sistema de paredes y barreras dentro de las aguas de la sabiduría, que de otra manera son turbulentas como el mar, ahogando a todo el que entre.

Es imposible recibir toda la intensidad de la sabiduría divina debido a la abundancia de luz. Demasiado aceite apaga la lámpara. La única manera de recibir esta sabiduría es a través de la Torá, que está fundada en la fe, tal cual está escrito, «Todos tus mandamientos son fe» (Salmos 119:86). La fe es llamada una pared, como en «Yo soy una pared» (Cantar de los Cantares 8:10), donde Rashi explica, «Ella es fuerte en su fe como una pared» (Rashi *ad loc.*) Aquél que ha recibido la Torá y conoce por sí mismo o ha aprendido de sus maestros el sendero hacia los portales que atraviesan las diez paredes de agua, los senderos de la Torá, tiene el poder de penetrar los diez muros y entrar. Pero aquél que es ignorante de los senderos de la Torá y trata de entrar en el mar de la sabiduría sin la Torá, terminará hundiéndose y ahogándose. Éste es el destino de todos los filósofos especuladores que tratan de ser sabios sin la Torá. Inevitablemente se hunden en el ateísmo y en el descreimiento, perdiendo este mundo y el próximo. Pero el alma judía se escapa entrando a las diez paredes, refugiándose en la Torá en su huida de la mala inclinación. Pues «si encuentras a este malvado (es decir, la mala inclinación), arrástralo a la casa de estudios» (*Suká* 52a), entra en la Torá.

El rey dio instrucciones de que dispararan contra la princesa con las diez clases de flechas. Esto alude a que la mala inclinación realiza su ataque más frontal contra los estudiosos de la Torá. «Él deja de lado al mundo entero para levantarse contra los judíos. No sólo eso, sino que deja de lado a los judíos y se concentra con todas sus fuerzas contra los estudiosos de la Torá, pues <él ha hecho *grandes* cosas> (Salmos 126:2), alarga su mano contra los *grandes*» (*Suká, ibid.*). De modo que el rey utilizó toda clase de venenos contra la princesa mientras ella se ocultaba dentro de las paredes. Las diez flechas son las «diez coronas de impureza». Esto hizo que la princesa se desmayara... Hasta que el mendigo sin manos (quien realmente poseía en sus manos el poder más notable) llegó a curarla. El remedio fueron las Diez Clases de Canciones, que son el epítome de la alegría, como está escrito: «sobre el instrumento de *diez* cuerdas y la lira... Pues Tú me has hecho *regocijar*, Dios, en Tu obra» (Salmos 92:4-5).

El ataque de las fuerzas del Otro Lado, las diez flechas, se produce mediante la depresión. Pues «el alimento de la serpiente es el polvo» (Isaías 65:25) y el polvo significa depresión y apatía (ver *Likutey Moharán* I, 189). El máximo ataque de la mala inclinación se encuentra en el ámbito de la sexualidad, y la pasión sexual y la degradación están enraizadas en la depresión. Es por esto que el nombre de la *klipá* a cargo de la impureza sexual es Lilit, que denota aullar, *ialalá*, y pena. Está escrito sobre la generación del diluvio, que abusó del Pacto y derramó por tierra su simiente: «y Lo *entristeció* a Él en Su corazón» (Génesis 6:6). Nuevamente vemos la asociación entre la tristeza y la depresión con el abuso del Pacto.

Por lo tanto el Rabí Najmán instituyó los Diez Salmos que contienen como remedio las Diez Clases de Canciones, porque las Diez Clases de Canciones son el fundamento de la alegría. El Rebe enseñó que la causa básica del exilio de la *Shejiná* es la depresión (*Likutey Moharán* I, 24, etcétera). Es por esto que el remedio principal para el alma judía, la hija del Rey, consiste en las Diez Clases de Canciones. Es necesario conocer las diez clases de pulsos. El mendigo sin manos las conocía y así tenía la capacidad de comprender la enfermedad y la condición de cada individuo. De este modo pudo conocer el pulso de la hija del Rey y de todas las almas judías.

El Secreto del Agua

A un nivel general, la princesa simboliza *Maljut*, el reinado de Dios. Ésta es la raíz de todas las almas y de todos los mundos. Todos fueron creados con el propósito de revelar el reinado de Dios por medio del hombre. El rey malvado que tomó a la princesa significa lo inverso de *Maljut*, el reinado del mal. Esto deriva de la «ruptura de los recipientes», cuando doscientas ochenta y ocho chispas divinas quedaron atrapadas en los desechos dejados por la destrucción de los reyes de Edom (ver *Etz Jaim, Shaar Mitat Melajim*). Es de estas chispas que las cáscaras derivan el sustento. Su objetivo es atacar el reinado de Dios y, en la forma de la princesa, tomarlo para sí mismas, ocultándole así el reinado de Dios al mundo.

«La tierra estaba informe y vacía» (Génesis 1:2); esto se refiere a los mundos de la desolación de los cuales toma su fuerza el dominio del mal, con sus diez flechas envenenadas. «Y el

espíritu de Dios sobrevolaba sobre la faz de las aguas» (*Ibid.*) Este
es el espíritu mesiánico, que es la personificación del dominio de
santidad, porque en la época de Mashíaj les será revelado a todos
el reinado de Dios. Este espíritu «sobrevolaba sobre la faz de las
aguas», las aguas de las diez paredes de agua adonde «huyó» el
reinado Dios. «Sobrevolaba», como alguien muy debilitado y a
punto de expirar, con sólo su espíritu sobrevolando.

El concepto del agua en el cuento está unido al misterio
de la luz de MaH, que significa el Universo de la Rectificación
(*Tikún*). Los cuatro universos de Atzilut, Beriá, Ietzirá y Asiá
están expresados en las cuatro expansiones del Tetragrámaton
(IHVH; *ain-bet*, AB; *samej-guimel*, SaG; *mem-hei*, MaH; *bet-
nun*, BaN):

IUD	HI	VIV	HI	72	AB
IUD	HI	VAV	HI	63	SaG
IUD	HA	VAV	HA	45	MaH
IUD	HH	VV	HH	52	BaN

Estas cuatro expansiones también están expresadas en los
cuatro niveles del texto de la Torá: los *taamim* (notas musicales),
nekudot (puntos vocales), *taguim* (coronas) y *otiot* (letras).
De estas cuatro expansiones derivan los cuatro elementos: el
fuego, el aire, el agua y la tierra, siendo un paralelo de los cuatro
ámbitos: inanimado, vegetal, animal y humano. La ruptura de
los recipientes tuvo lugar en el nivel de BaN, mientras que la
rectificación se produce a través de MaH, la nueva luz. De modo
que la rotura de los recipientes se produjo en el nivel de la tierra,
y es allí donde las *klipot* tienen su mayor fuerza: "la tierra, el
alimento de la serpiente" (Isaías 65:25).

La rectificación se produce a través del agua, MaH, y es por
esto que el agua limpia de toda impureza. La única manera de
entrar a cualquier nivel de santidad es mediante la purificación
que se produce sumergiéndose en el agua. De este modo los
cohanim debían sumergirse antes de oficiar en el Templo, y
la mujer debe sumergirse antes de quedar permitida para su
marido. Todo el pueblo judío se sumergió cuando entró al Pacto

en la Entrega de la Torá. También debe sumergirse el converso cuando entra a la fe judía.

¿Por qué entonces el agua es susceptible a la polución? Esto se debe a que las fuerzas del mal atacan la soberanía de la santidad incluso luego de la huida hacia el agua. Fue entonces que el rey malvado disparó las diez clases de flechas hacia la princesa, porque incluso luego de huir hacia el agua la rectificación aún no está completa. Doscientas ochenta y ocho chispas quedan allí entre las cáscaras y esto es lo que les da a las cáscaras su poder y el poder en sus diez flechas, las "diez coronas de impureza". El hecho de que estas chispas continúen entre las cáscaras es lo que les permite seguir con su ataque, y es debido a esto que el agua es especialmente susceptible a la impureza. Mientras la rectificación aún está incompleta, las fuerzas del mal se resisten. Es como cuando dos hombres están luchando: si uno ve que el otro está por ganar, contraataca con más fuerza.

La Apertura del Mar Rojo

Cuando los hijos de Israel pasaron a través del Mar Rojo, "las aguas fueron como *paredes* para ellos" (Éxodo 14:22; 29). Aquí el concepto de la pared está unido con las diez paredes de agua de la historia. Todo el pueblo judío está encarnado en la figura de la princesa, quien simboliza el dominio de la santidad, que incluye todas las almas judías. El rey que la capturó fue el faraón, el rey de Egipto, cuyo poder deriva del ángel guardián de Egipto, el Ángel de la Muerte.

Antes del exilio en Egipto, Sara fue llevada a la casa del Faraón (Génesis 26:10-20) y más tarde a la de Abimelej (*Ibid.* 20:2-14). También aquí encontramos la idea de la captura de la princesa. Los poderes del mal vieron que la hija del Rey finalmente se levantaría contra ellos y los destruiría. Así "Dios trajo una plaga sobre el Faraón y su casa debido a Sara" (Génesis 2:17), y "Dios vino a Abimelej en un sueño de la noche y le dijo, 'Morirás debido a la mujer que has tomado' " (*Ibid.* 20:3). Más tarde, cuando las fuerzas del mal quisieron retener a todo el pueblo judío en el exilio, está escrito, "Vengan, tratemos astutamente con ellos no sea que se multipliquen... y luchen contra nosotros y *se vayan de la tierra*" (Éxodo 1:10). Las fuerzas del mal tienen una lejana comprensión de que su destino es ser destruidas, por lo cual conspiran en contra de la princesa hasta que finalmente ella termina huyendo.

"Y el rey de Egipto fue informado de que el pueblo había huido" (Éxodo 14:5). El Rey fue informado de que la princesa estaba en la fortaleza de agua y entonces envió a sus fuerzas a capturarla. "Y el faraón preparó su carruaje y llevó a su gente con él... y los alcanzó cuando estaban acampando frente al mar" (*Ibid*. 6, 9). La princesa huyó hacia el agua y penetró en las diez paredes, porque todas las paredes de agua estaban abiertas para el pueblo judío: "las aguas fueron una pared para ellos" (*Ibid*.14:22). Así ellos pasaron a salvo a través del mar: "Y los hijos de Israel anduvieron en seco en medio del mar" (*Ibid*. 14:29) mientras que el Faraón y sus fuerzas se ahogaron.

Descreimiento

Y el rey disparó las diez flechas contra la princesa. Pero "el Ángel del Señor se puso detrás de ellos" (Éxodo 14:19). Rashi nos dice que los egipcios disparaban flechas y piedras, por lo cual el ángel se puso detrás de los hijos de Israel para atraparlas (ver Rashi *ad loc.*). Pero aunque el ángel, la *Shejiná*, frenaba las flechas salvando a Israel, el veneno de las flechas de los egipcios alcanzó igualmente al pueblo judío y los dañó. Pues la batalla fue muy dura tanto arriba como abajo, tanto espiritual como físicamente. "He aquí que *Egipto* venía en pos de ellos" (Éxodo 14:10). Esto se refiere al ángel protector de Egipto, a quien el pueblo judío vio venir detrás de ellos para ayudar a sus enemigos. Este ángel, el Ángel de la Muerte, vio que los hijos de Israel estaba huyendo hacia el mar, que éste se estaba abriendo para ellos y que "las aguas eran una pared". Entonces arrojó sus flechas, cargadas de veneno: El veneno del ateísmo y del descreimiento.

Así sucedió que los hijos de Israel "se rebelaron en el mar, en el Mar Rojo" (Salmos 106:7). Ellos decían, "Así como nosotros estamos saliendo de este lado, ellos están saliendo del otro lado y nos perseguirán" (*Rashi ad loc.*). "Y sobre el mar, pasará la aflicción" (Zacarías10:11), porque incluso luego del milagro de la apertura del mar se hizo presente un cierto descreimiento entre los hijos Israel como resultado de las flechas arrojadas hacia ellos. Ésta fue la causa de todas las subsecuentes situaciones con las cuales nuestros ancestros probaron a Dios: al construir el Becerro de Oro, la calumnia de los Espías y demás (ver *Avot* 5:6). Hubo *diez* pruebas, causadas por las diez flechas disparadas hacia ellos luego de que entraron dentro de las paredes de agua.

Hoy en día aún no estamos curados: ésta es la enfermedad de la Comunidad de Israel en nuestro exilio, que clama, "Sustentadme con pasteles de pasas, confortadme con manzanas, porque estoy *enferma* de amor" (Cantar de los Cantares 2: 5). Ella "sabe de enfermedades" (Isaías 53:3); "desde la planta del pie hasta la cabeza, no queda en él cosa sana, sino heridas y llagas" (*Ibid*. 1:6). Todas estas enfermedades fueron producidas por las diez clases de flechas, representando las fuerzas de las cáscaras y de la mala inclinación que disparan el veneno de sus flechas en las almas del pueblo judío. Ésta es la causa de todas las dudas, confusiones, pasiones, deseos y demás obstáculos que dificultan el retorno de la gente a Dios. Esto ocurre tanto a nivel del individuo como del pueblo judío en su totalidad. Pues "Tus flechas han penetrado profundamente en mí" (Salmos 38:3). Así clama al rey David, la personificación del reinado de santidad, la "princesa", que incluye a todas las almas de Israel. "Él ha tensado su arco y me ha puesto como blanco de sus flechas" (Lamentaciones 3:12). "Ellos han tensado el arco, tienen dispuestas sus flechas sobre la cuerda, para disparar en lo oculto a los rectos de corazón" (Salmos 11:2).

Pero Dios preparó el remedio mucho antes del golpe, pues de otra manera habría sido imposible que la hija del rey soportase durante todo este tiempo el dolor de las flechas con su amargo veneno. Dios la ayudó a huir dentro de las diez paredes de agua, es decir, la Torá. Porque la Torá es el fundamento de la vida y de la curación: "La Torá de Dios es pura, restaurando el alma" (Salmos 19:8), devolviéndola desde los caminos de la muerte hacia los de la vida. Debido a que huyó dentro de las aguas de la Torá la Comunidad de Israel tiene la capacidad de soportar el amargo yugo del exilio y la amargura de las flechas. De no haber huido hacia la Torá, no habría podido soportarlo en absoluto. Pero mediante el poder de la Torá, y aunque las flechas la alcanzaron incluso allí, ella es capaz de sobrellevar el yugo. La Torá es vida, y Dios le da fuerzas al débil para soportar la amargura hasta que finalmente llegará el verdadero curador, aquél que tendrá la fuerza en sus manos como para curar a la princesa por completo.

La Canción del Futuro

Esto aún se encuentra en el futuro, y por eso está escrito, "*az iashir Moshé* - entonces *cantará* Moisés" (Éxodo 15:1), expresado en tiempo futuro, y no "Moisés cantó" (ver Rashi *ad loc.*). Porque la Canción del Mar Rojo se funda en las Diez Clases de Canciones. Aunque los judíos *cantaron* luego de salir del mar, no pudieron traer la revelación plena de las Diez Clases de Canciones, con la cual se completa la curación de la princesa. Ellos trajeron en parte la luz de las Diez Clases de Canciones, pero la canción completa será revelada recién en el futuro, cuando Mashíaj vendrá en la persona de Moisés mismo. Pues "aquello que fue, será" (Eclesiastés 1:9), y "*entonces* cantará Moisés", él cantará las Diez Clases de Canciones, completando así la curación de la hija del Rey, la *Shejiná*, y la Comunidad de Israel.

Entonces se cantará una nueva canción: "Canta a Dios una nueva canción, pues Él ha hecho maravillas" (Salmos 98:1). Esto alude a la maravillosa canción "simple, doble, triple y cuádruple" que será cantada en el futuro. Por esta razón la Canción del Mar Rojo concluye con, "Dios *reinará* por siempre", en el tiempo futuro. Pues la revelación del reinado de Dios, que es en sí misma la curación de la hija del Rey, tendrá lugar en el *futuro*, cuando Su soberanía será revelada a los ojos de todos. "Y Dios será Rey sobre toda la tierra" (Zacarías 14:9). La alegría y la felicidad serán perfectas en todos los mundos a través del despertar de las Diez Clases de Canciones. "Dios es Rey, se exaltará la tierra" (Salmos 97:1). "Los cielos se regocijarán y la tierra estará alborozada, y dirán entre las naciones, 'Dios es Rey' " (Crónicas I, 16:31). Entonces cumpliremos con "¡Cantad alabanzas a Dios, cantad alabanzas! ¡Cantad alabanzas a nuestro Rey, cantad alabanzas! Porque Dios es Rey en toda la tierra..." (Salmos 47:7-8). "Agradeced a Dios con el arpa, cantadle alabanzas con el salmo de diez cuerdas. *Cantadle una nueva canción...*" (Salmos 33:2-3).

(Likutey Halajot, Hiljot Tolaim 4)

10

EL TZADIK

Qué tontas son las personas que se levantan por respeto ante un *sefer* Torá pero no se levantan en honor a un gran hombre

(*Makot* 22b)

El Tzadik es el ejemplo más perfecto del *Brit*. En su nivel más básico el Tzadik se define como "aquel cuyos méritos sobrepasan a sus pecados" (Rambam, *Mishné Torá, Hiljot Teshuvá* 3:1). Pero en el sentido usado más generalmente el término Tzadik significa algo más que el hecho de que la mayoría de sus acciones son dignas. Así enseñaron nuestros sabios: "Los Tzadikim están motivados solamente por su buena inclinación, tal cual está escrito, 'Mi corazón está vacío dentro de mí' (Salmos 109:22)" (*Berajot* 61b). "Mi corazón está vacío dentro de mí", porque el corazón es el asiento de las pasiones que nos distraen de nuestro servicio a Dios. Sin embargo, el Tzadik anula los deseos materiales de su corazón. Cuanto más lo hace, más brillan las cualidades divinas de su alma (ver *Likutey Moharán* I, 49:1 y *Sabiduría y Enseñanzas del Rabí Najmán de Breslov* 136). El Tzadik completo, el *Tzadik gamur*, es aquél que no sólo ha subyugado el mal dentro de él sino que lo ha eliminado por completo (*Likutey Moharán* I, 8:5), dejando solamente el bien dentro de sí.

El Tzadik no es un hombre separado del resto de los mortales, intrínsecamente superior, que posee cualidades innatas imposibles de alcanzar por los demás. Por el contrario, el Rabí Najmán se oponía a esta idea y se expresó con dureza contra aquéllos que decían que sus logros fueron más fáciles debido a que descendía del santo Baal Shem Tov (*Sabiduría y Enseñanzas del Rabí Najmán de Breslov* 166). El éxito, dijo, depende totalmente de las buenas acciones y del esfuerzo. "Cada hombre puede alcanzar el nivel más elevado. Sólo depende de su libertad de elección" (*Alabanza del Tzadik* 26).

Si el Tzadik demuestra poderes espirituales excepcionales, el misterio no reside en alguna noción de superioridad intrínseca. La espiritualidad que posee es la espiritualidad de la Torá misma, pues el Tzadik es alguien que ha colocado todo su ser tan totalmente bajo el dominio de la Torá que todos sus pensamientos son pensamientos de Torá, cada palabra que dice es Torá y cada acto es en aras de la Torá. Esto explica por qué dijeron los sabios, "Qué tontas son las personas que se levantan por respeto ante un *sefer* Torá pero no se levantan en honor a un gran hombre" (*Makot* 22b). Pues el Tzadik es aquél cuyos pensamientos, palabras y acciones son una manifestación de la Torá. Es en este sentido que el Tzadik es el ejemplo perfecto del Pacto, porque la Torá misma es el Pacto. El Tzadik hace algo más que meramente conformarse a la letra de la ley. Incluso en aquello que le está permitido, se santifica en el grado último. Es a través de su completa devoción a los ideales más elevados de la Torá, que el poder divino de la Torá brilla a través de él y les da acceso a aquellos poderes que son inalcanzables para los que no han logrado una santidad similar.

* * *

Los Nombres de los Tzadikim

> Las obras de Dios están de acuerdo con el nombre de la persona a través de la cual se realizan. Pues el nombre tiene su influencia (*Sefer HaMidot, Banim*, 68).

> Aquél que tenga verdadero respeto por Dios escribirá un libro para recuerdo, con todos los nombres de los Tzadikim, de los Tanaim y de los judíos temerosos de Dios (*Ibid., Tzadik*, 19).

Mencionar los nombres de los Tzadikim tiene el poder de realizar un cambio en la creación y de alterar la naturaleza. La Torá alude a esto en el paralelo entre dos versículos: (Génesis 2:4) "*Éstas son* las generaciones del cielo y de la tierra" y (Éxodo 1:1) "*Éstos son* los *nombres* de los hijos de Israel" (*Ibid, Tzadik* B, 20).

Los nombres mismos de los Tzadikim poseen un profundo significado místico. Las enseñanzas del Rabí Najmán sobre esto llevaron al Rabí Natán a compilar *Shemot HaTzadikim* (Los Nombres de los Tzadikim) incluyendo todos los Tzadikim de la Biblia y de la literatura rabínica. La primera edición fue impresa en 5571 (1811), y una edición ampliada diez años más tarde en 5581 (1820-21). Escribe el Rabí Natán explicando el significado de los nombres de los Tzadikim:

La fuente misma de la vitalidad de la persona, y en verdad de todos los seres y objetos creados, reside en sus nombres. Así está escrito, "el alma de la criatura es su nombre" (Génesis 2:19). Es a través del nombre de cada cosa que su vitalidad es canalizada desde la Vida de toda Vida, el Santo, bendito sea. Inclusive de Dios Mismo sólo es posible tomar vida a través de llamar Su Nombre (cf. *Likutey Moharán* I, 56). Dios en Sí Mismo no puede ser comprendido de manera alguna. No tenemos ningún conocimiento de Él excepto a través de Su Nombre. Él es como un gran Rey oculto de sus súbditos, al cual nunca ven. Sólo lo conocen a través de su nombre. Lo mismo sucede con Dios. No podemos tener ningún conocimiento de Él excepto mediante Su Nombre. En Su misericordia Dios Se contrajo, si así pudiera decirse, en numerosas constricciones hasta que hizo un Nombre para Él. Y es así que a través de Su Nombre nosotros Lo conocemos. Sabemos que hay Uno que es una Unidad, un Amo que gobierna y controla...

Y es a partir de Su Nombre que se canaliza la vitalidad a todos los seres creados en el mundo, a través de *sus nombres*. Porque cada cosa deriva su vitalidad de su nombre, y cada nombre está enraizado en el nombre divino de Dios, que les da vida a todas las cosas.

(Likutey Halajot, Oraj Jaim, Hiljot Birjot HaShajar 3:22)

Es a través del nombre de la cosa que la podemos integrar en nuestra mente. Es el nombre mismo que trae la cosa a la mente, porque el nombre de una cosa contiene su forma y su naturaleza. Por ejemplo, si la persona quiere decirle a alguien que tiene una mesa, no necesita describirla en detalle diciendo que tiene un objeto con cuatro patas, una superficie plana arriba, etcétera. Simplemente utiliza la palabra "mesa" y la otra persona inmediatamente comprende de qué está hablando. Esto se aplica a todas las cosas del mundo. Si alguien menciona un buey, no necesita describir nada más. La palabra misma comunica la forma de la criatura de la cual está hablando. Lo mismo se aplica cuando alguien menciona a cierto Rubén o Simón de una ciudad en particular. El nombre de la persona nos da una imagen completa de lo que es, de las circunstancias de su vida, si es rico o pobre, un Tzadik o un pecador, etcétera. El nombre de todos los seres y objetos creados contiene su forma y esencia y todo sobre ellos...

Todas las acciones de la persona están inscritas en su nombre. Es por esto que luego de fallecer se le pregunta a la persona si recuerda su nombre. Porque el nombre *es* el alma, como está escrito "el alma de la criatura es su nombre" (Génesis 2:19). Todas las acciones de la persona influencian su alma, así haga el bien y construya el mundo, o lo opuesto. De modo que todas sus acciones están inscritas en su nombre. Toda la fuerza vital de la persona, su naturaleza y su misión están definidos a través de su nombre. De acuerdo con sus acciones su nombre irradia arriba y es recordado para bien... o lo opuesto.

Esto explica por qué es algo tan grande mencionar los nombres de los Tzadikim. El santo nombre de cada Tzadik engloba la naturaleza entera de ese Tzadik, toda su rectitud, su Torá, sus buenas acciones, sus elevadas cualidades y logros. Su nombre es en sí su alma y su espíritu. De acuerdo con esto, cuando mencionamos el nombre del Tzadik estamos atrayendo sobre nosotros su santidad y su mérito, y entonces también nosotros podemos alcanzar santidad y pureza y retornar a Dios. Por ejemplo, cuando mencionamos el nombre del *Tana*, Rabí Shimón bar Iojai, su nombre incluye todas sus acciones y conquistas: cómo pasó trece años en una cueva; cómo compuso el santo *Zohar*, y todos sus otros logros. Todos están implícitos en el santo nombre Rabí Shimón bar Iojai. Lo mismo se aplica a todos los nombres de los otros Tzadikim.

(Likutey Halajot, Oraj Jaim,
Devarim HaNoaguim BeSeudá, 4:6)

Qué hay en un nombre

El Rebe hablaba a menudo sobre la importancia de los nombres. También comentó sobre los versículos bíblicos que comenzaban y terminaban con la misma letra del nombre de las personas y que es costumbre recitar antes del versículo *Ihiú LeRatzón* (Salmos 19:15) al final de las Dieciocho Bendiciones de la *Amidá*. Una vez dijo que él podía explicar el significado místico de los nombres de todos aquéllos que se encontraban junto a él.

El Rebe habló cierta vez sobre Reb Shimón. Dijo: "Tomen las letras de *SHiMON* y ordénenlas de otra manera. Tienen entonces *AvON MaSH*, 'borrar el pecado' ".

El Rebe no quiso entrar en más detalles. Reb Shimón era uno de sus discípulos preferidos y el Rebe dijo que esta recombinación describía literalmente su esencia.

Dijo también: "No se asombren del hecho de que un nombre pueda contener el secreto de la existencia de una persona, siendo que tanta gente comparte un mismo nombre. Es un error plantearse esta pregunta".

De lo dicho por el Rebe comprendimos que la esencia de cada persona se haya definida por algunas combinaciones de las letras de su nombre. También pudimos darnos cuenta de que el Rebe mismo poseía un completo conocimiento de este tema.

(Sabiduría y Enseñanzas del Rabí Najmán de Breslov 44)

El destino y la misión que un hombre debe cumplir en su vida están determinados por el nombre que le dan. A veces una persona completa su misión antes del tiempo destinado para su muerte. Entonces es necesario darle un nombre nuevo.

El nombre de la persona es la vestimenta de su alma luego de la muerte. El nombre es una vestimenta. Está escrito: "Yo soy Dios; es Mi nombre y Mi gloria". La gloria es una vestimenta. Es por ello que el Rabí Iojanan llamó a su vestimenta "mi gloria" (*Shabat* 113b).

Hay gente que completa la misión asociada con su nombre en la mitad de sus vidas. Se le da entonces una nueva misión y por tanto un nuevo nombre. Este concepto contiene profundos y sublimes secretos.

Es costumbre dar un nuevo nombre a la persona gravemente enferma. El enfermo ha cumplido su destino de acuerdo con su nombre original y está por lo tanto listo para morir. Le damos entonces un nombre nuevo, otorgándole así una nueva misión. El enfermo puede ahora continuar viviendo y completar la misión asociada con su nuevo nombre.

Enseñaron nuestros sabios que Moisés tenía muchos nombres (*Sanedrín* 19b). Moisés tuvo muchas misiones en su vida. Por lo tanto necesitaba de un nombre diferente para cada una de sus grandes tareas.

(*Sabiduría y Enseñanzas del Rabí Najmán de Breslov* 95)

Las Tumbas de los Tzadikim

> Los Tzadikim son más grandes aún luego de su muerte que durante su vida
>
> (*Julin* 7b)

"Tú tomaste una viña de Egipto" (Salmos 80:9). La viña necesita ser sustentada por un marco hecho con madera de árboles muertos. Igualmente Israel perdura debido al hecho de que es sustentada por los muertos, es decir los Patriarcas. Vemos que Eliáhu oró repetidamente sobre el monte Carmel para que descendiera el fuego, "Respóndeme, Señor, respóndeme". Pero recién fue respondido cuando mencionó a los muertos e invocó al "Señor Dios de Abraham, de Itzjak y de Israel". Al hacerlo, fue respondido de inmediato: "Entonces cayó el fuego del Señor" (Reyes I, 18:36-38). De manera similar, luego de que los hijos de Israel cometieran el pecado del Becerro de Oro, Moisés se levantó y los defendió

durante cuarenta días y cuarenta noches. Pero recién fue
respondido cuando hizo mención de los muertos y oró,
"Recuerda a Abraham, a Itzjak y a Israel". Sólo entonces "el
Señor se arrepintió del mal que Él dijo que haría a Su pueblo"
(Éxodo 32:13-14). Tal como la viña vive al ser sustentada
por árboles muertos, de la misma manera Israel vive y es
sustentada por los muertos.

(*Midrash Rabah, Ki Tisá* 44)

Las seiscientas mil almas judías se encuentran incluidas
en las seiscientas mil letras de la Torá. Dado que el Tzadik es
la personificación de la Torá, cada alma judía está enraizada en
el Tzadik (ver *Likutey Moharán* II, 1:2). Es por esto que el judío
debe acercarse al Tzadik para obtener dirección e inspiración,
porque el Tzadik es la fuente viva de la Torá.

El Rebe Najmán enfatizó repetidas veces la importancia
vital de visitar al Tzadik en persona, ver su rostro, escuchar su
voz y sus enseñanzas, y recibir su guía y su consejo (cf. *Likutey
Moharán* I, 4; 13; 19; 120; etc.). Pero aún luego de la muerte
física del Tzadik no hay motivo para perder la esperanza. Pues
"los Tzadikim son más grandes aún luego de su muerte que
durante su vida". Toda la misión del Tzadik, incluso durante
su vida corporal, es acercar a la gente en el retorno a Dios.
Personalmente el Tzadik no tiene necesidad de este mundo
material ni conexión alguna con él. Durante su vida física el
Tzadik está limitado por el cuerpo. Aunque constantemente
busca negar su ser en la infinidad de Dios para lograr así sus
tikunim, sólo puede hacerlo de manera intermitente, porque no
puede dejar el cuerpo físico. Sin embargo, luego de la muerte
física, su alma se mantiene absorbida permanentemente en la
infinidad de Dios y es mucho más capaz de lograr esos *tikunim*
(cf. *Likutey Moharán* 4).

Luego de la muerte, una porción del alma del Tzadik, el
Nefesh, se mantiene en la tumba. El *Nefesh* es la parte más baja
del alma. Debido a que está unida con las partes superiores del
alma, con el *Ruaj* y la *Neshamá*, es posible que el judío pueda ir
a su tumba y unirse al *Nefesh* del Tzadik y de ese modo, unirse al
alma del Tzadik en su totalidad.

A través de sus plegarias sinceras, el judío queda incluido en el alma del Tzadik. Cuando ruega y anhela retornar a Dios y expresa su deseo de cumplir con la voluntad de Dios y con la voluntad de los verdaderos Tzadikim, queda incluido en la Infinitud de Dios, anulando así todo mal.

La práctica de visitar las tumbas de los Tzadikim es muy antigua. En el relato del viaje de los espías a la Tierra de Israel, se nos dice, "Y ellos ascendieron desde el sur, y él fue a Jebrón" (Números 13:22). ¿Por qué el versículo dice "*él* fue", en singular? Rashi (*ad loc.*) explica que esto se refiere a Caleb: "Él quería ser salvado del consejo de los espías, de modo que fue allí solo, para prosternarse ante las tumbas de los Patriarcas".

Incluso antes de esto vemos que Iaacov le pidió a Iosef que no lo reprochase por haber enterrado a Raquel en el camino, en lugar de llevarla a Beitlejem. Él le dijo, "Debes saber que fue de acuerdo con la voluntad de Dios que la enterré allí. De esta manera ella será de ayuda para sus hijos cuando Nevuzaradán los lleve al exilio. Ellos pasarán junto a su tumba y Raquel saldrá y llorará y rogará por misericordia para ellos, tal cual está escrito, 'Una voz se escucha Arriba', y Dios responde, 'Tu trabajo será recompensado, dice el Señor, y tus hijos volverán a sus fronteras' (Jeremías 31:15)" (Rashi sobre Génesis 48:7).

"Dijo Rabí Jama bar Janina: ¿Por qué la tumba de Moisés está oculta de los ojos de la humanidad? Porque el Santo, bendito sea, sabía que el Santo Templo estaba destinado a ser destruido y que Israel sería exiliado de su tierra. Ellos podrían entonces llegar a la tumba de Moisés y llorar allí y pedirle a Moisés, diciendo, 'Moisés, nuestro Maestro, levántate y ora por nosotros'. Y si Moisés se hubiese levantado para orar, habría anulado el decreto. Porque los Tzadikim son más amados en su muerte que durante sus vidas".

(Sotá 13a; ver Ein Iaacov)

Encontramos en el *Zohar*:

Dijo el Rabí Iehudá: Un día el Rabí Jizquiá y el Rabí Iaisa caminaban juntos cuando llegaron a Gush Jalav, que estaba en ruinas. Se sentaron cerca del cementerio... Ellos dijeron: En momentos en los que no se encuentran Tzadikim en el mundo, éste sólo se mantiene debido al mérito de los muertos.

Preguntó el Rabí Iaisa, "Cuando el mundo necesita lluvia, ¿por qué vamos a las tumbas de los muertos? ¿Acaso no está escrito que está prohibido 'preguntarles a los muertos' (Deuteronomio)?". Respondió el Rabí Jizquiá, "Cuando la Torá habla de no preguntarle a los 'muertos', está hablando de aquellos verdaderamente muertos, de los pecadores. Ellos están muertos por siempre. Pero en Israel son verdaderamente dignos, y el rey Salomón dice de ellos: 'Yo alabo a los muertos que ya han muerto' (Eclesiastés 4:2), ellos estaban muertos antes, pero no ahora. Antes, ellos habían fallecido, pero ahora están vivos".

"Más aún, cuando las otras naciones van a visitar a sus muertos, van con encantamientos para llamar a los malos espíritus. Pero cuando Israel va a visitar a sus muertos, van con un espíritu de arrepentimiento delante del Santo, bendito sea. Entonces el Santo se apiada del mundo debido a ellos".

"Hemos aprendido que incluso cuando el Tzadik se va de este mundo, no desaparece realmente, porque puede ser hallado en todos los mundos, más aún que durante su vida. En vida sólo podía ser hallado en este mundo. Pero luego se lo encuentra en tres mundos. Su *Nefesh* está en este mundo, su *Ruaj* en el Edén Inferior, y su *Neshamá* en el Edén Superior. Así está escrito, 'Por lo tanto las muchachas (*alamot*) Te aman' (Cantar de los Cantares 1:3). No leas *alamot* sino *olamot* (mundos). ¡Feliz es su porción!".

"Así encontramos que Avigail le dijo a David: 'Que el alma (*Nefesh*) de mi señor sea unida al manojo de vida' (Samuel I, 25:29). En lugar de hablar de su *Nefesh*, que se refiere a la parte más baja del alma, habríamos esperado que ella mencionase su *Neshamá*, la parte más elevada del alma. Pero feliz es la porción de los Tzadikim, pues cada parte está unida con la otra, el *Nefesh* con el *Rúaj*, el *Rúaj* con la *Neshamá* y la *Neshamá* con el Santo, bendito sea".

(*Zohar* III, 70b)

De estos diversos pasajes es posible apreciar cuán valioso es el mérito de los Tzadikim que ya han fallecido. Feliz el hombre que confía en sus méritos todos los días de su vida y que nunca pierde la esperanza de recibir el amor de Dios. No importa qué deba enfrentar durante sus días, tanto espiritual como físicamente, confía en sus méritos y eleva sus manos y su corazón hacia el Dios fiel, sabiendo que Él con seguridad enviará ayuda, como está escrito: "En aras de los santos que yacen en la tierra y los poderosos, en mérito a ellos satisfaces todas mis necesidades" (Salmos 16:3).

Escribe el Rabí Natán:

El Rebe me habló sobre la tumba del Baal Shem Tov y dijo que es muy bueno estar allí. Continuó: " 'Los rectos heredarán la tierra [de Israel]' (Salmos 37:29), su lugar de descanso posee literalmente la santidad de la Tierra de Israel. Y la Tierra de Israel es el gran remedio para el abuso del santo Pacto. Es por esto que uno debe hacer todos los esfuerzos posibles para visitar las tumbas de los Tzadikim. La santidad de su lugar de descanso es un *tikún* para el Pacto".

(Likutey Moharán II, 109)

"Cuando un judío se postra sobre las tumbas de los Tzadikim, Dios le muestra Su favor aunque la persona no lo merezca".

(Sefer HaMidot, Tzadik 173)

A partir dee todo esto queda en claro que ir a sus tumbas para orar ayuda más que meramente invocar sus nombres. Quiera Dios que seamos dignos de ir a las tumbas de los Tzadikim, recitar el *Tikún HaKlalí* y derramar nuestros corazones en plegarias ante Dios. Amén.

* * *

El Tesoro

Cierta vez un hombre soñó que había un gran tesoro enterrado bajo un puente en Viena, de modo que viajó hasta Viena y se acercó al puente, pensando qué podía hacer, pues no se animaba a buscar el tesoro de día debido a la mucha gente que por allí pasaba.

Un oficial pasó junto a él y le preguntó, «¿Qué estás haciendo aquí parado tan contemplativo?». El hombre decidió que lo mejor era contarle toda la historia y pedirle su ayuda, esperando que compartiese con él ese tesoro. De modo que le contó toda la historia.

El oficial le dijo, «¡Al judío sólo le importan los sueños! Yo también tuve un sueño y también yo vi un tesoro. Estaba en una pequeña casa, bajo el sótano».

Al relatar su sueño, el oficial describió con todo detalle la ciudad del hombre y su casa. Este corrió entonces de vuelta a su hogar, cavó debajo del sótano y encontró el tesoro. «Ahora sé que siempre tuve el tesoro», se dijo. «Pero tuve que viajar hasta Viena para poder encontrarlo».

Lo mismo ocurre en el servicio al Santo, bendito sea. Cada persona tiene el tesoro pero debe viajar hasta el Tzadik para poder encontrarlo.

(Los Cuentos del Rabí Najmán 24)

El Pájaro

Había una vez un rey que era un gran astrólogo. Un año vio en las estrellas que si el trigo no era cosechado antes de cierto momento, toda la cosecha se arruinaría. Vio también que no quedaba mucho tiempo.

Se le ocurrió la idea de darles a los trabajadores todos los placeres y proveerles todas sus necesidades de manera que tuviesen la mente libre como para trabajar día y noche y así terminasen la cosecha antes del tiempo límite.

Pero los trabajadores tomaron lo que el rey les envió y disfrutaron de ello tan intensamente que se olvidaron del trabajo de la cosecha. Llegó el tiempo y el trigo no fue cosechado, de manera que se arruinó por completo.

La gente no sabía qué hacer y comprendieron que el rey se enfurecería con ellos.

Un sabio tuvo una idea. Al rey le gustaba mucho una cierta clase de ave. Si podían llevarle uno de esos pájaros, sentiría tanto placer en ello que los perdonaría por todo. Pero era muy difícil capturar ese pájaro pues habitaba muy alto y ellos no tenían escaleras y no había tiempo como para conseguir una.

Nuevamente el sabio tuvo una idea. Dado que ellos eran muchos, uno podía pararse sobre los hombros del otro haciendo una escalera humana hasta alcanzar al pájaro.

A ellos les gustó la idea pero comenzaron a pelearse, pues cada uno quería estar en la cima. El tiempo pasó en estas discusiones hasta que el pájaro se fue volando de allí. De modo que el rey siguió enojado con ellos por haber sido negligentes con la cosecha de trigo a su debido momento.

La idea es que el Santo, bendito sea, creó al hombre y le dio toda clase de placeres de manera que pudiese «cosechar el cereal» antes de ser dañado mediante la impurificación del Pacto de Abraham. De esa manera la gente podría servir al Santo, bendito sea, con una mente clara. Pero fueron negligentes en ello debido a su placer y su goce, llegando a olvidar el cereal y dejaron que sus mentes se arruinasen. Sin embargo, aún había esperanzas a través del pájaro, que es el Tzadik, dado que mediante él todo puede ser perdonado. Pero entonces hubo discusiones y conflictos, pues cada uno quería estar en la cima. Eso fue lo que les impidió unirse al Tzadik.

(Los Cuentos del Rabí Najmán 28)

Por inferencia, podemos aprender qué es lo que debemos evitar si queremos unirnos al Tzadik. El éxito de una persona no tiene que ser a expensas de otra. Hay un lugar para cada uno, porque el alma del Tzadik incluye todas las almas. Cada individuo es una parte esencial de la escalera. Cada uno tiene su propio papel que jugar, y es siguiendo las enseñanzas del Tzadik, con honestidad y sinceridad, que puede descubrir aquello que es únicamente suyo.

Simpleza

El Santo, bendito sea, gana las batallas gracias a la gente sencilla que recita Salmos con simpleza y no a través de aquellos que utilizan métodos sofisticados.

Cierta vez un rey salió de cacería vestido como un hombre común, para tener así libertad de movimiento. De pronto se desató una gran tormenta, un verdadero diluvio. Los ministros que lo acompañaban corrieron a guarecerse en todas direcciones y el rey pasó un gran peligro. Buscó algún refugio hasta que encontró la choza de un campesino. El hombre invitó al rey y le ofreció un poco de avena. Encendió la estufa y dejó que el rey durmiese en el camastro.

Al rey esto le resultó muy dulce y agradable. Estaba tan cansado y exhausto que le pareció como si nunca hubiese experimentado algo tan placentero.

Mientras tanto, los ministros del reino comenzaron a buscar al rey hasta que lo encontraron en esa cabaña en donde vieron al rey durmiendo. Entonces le pidieron que retornase al palacio con ellos.

«Ustedes ni siquiera intentaron rescatarme», dijo el rey. «Cada uno corrió para salvar su propia vida. Pero este campesino me rescató. Aquí pude disfrutar de la experiencia más agradable. De modo que será él quien me lleve de regreso en su carreta, con estas prendas. Y será él quien se sentará conmigo en mi trono».

El Rabí Najmán concluyó diciendo que se dice que antes de la llegada del Mesías habrá una gran inundación. (La gente será inundada por el ateísmo.) No será una inundación de aguas sino de inmoralidad. Ella cubrirá todas las altas montañas incluso en la Tierra Santa adonde ni siquiera las aguas del diluvio original pudieron llegar. Pero esta vez vendrá con tanta fuerza que las aguas salpicarán por sobre la tierra. Esto significa que tendrá efecto incluso en los corazones virtuosos.

No habrá manera de combatir esto mediante la sofisticación. Todos los ministros reales serán dispersados y el reino entero dejará de estar firme sobre sus cimientos. Los únicos que podrán soportarlo serán los judíos sencillos que recitan los Salmos con simpleza. Y cuando llegue el Mesías, serán ellos los que colocarán la corona sobre su cabeza.

(Los Cuentos del Rabí Najmán 21)

GLOSARIO
BIBLIOGRAFÍA

GLOSARIO

Amidá: La plegaria de pie, recitada tres veces al día durante la semana y cuatro veces en el Shabat y las festividades.

Asiá: El Mundo de la Acción (ver *Atzilut*).

Atzilut: El Mundo de la Emanación. De acuerdo a las enseñanzas de la Kabalá el más elevado de los cuatro Mundos creados por Dios para revelarSe a Su creación. Inmediatamente debajo de *Atzilut* está el Mundo de *Beriá* (Creación), seguido por el Mundo de *Ietzirá* (Formación) y finalmente el mundo de *Asiá* (Acción) el mundo material en el cual vivimos.

Beriá: El Mundo de la Creación (ver *Atzilut*).

Expansiones del Tetragrámaton: Los nombres de las letras hebreas que conforman el Tetragrámaton (ver abajo) pueden ser deletreados plenamente ("expandidos") de varias maneras. De acuerdo a las enseñanzas de la Kabalá, las diferentes partes de las Creación se produjeron a través del uso de diferentes formas de deletrear y combinar las letras del Nombre Divino.

Guehinom: Donde las almas de los pecadores son castigadas y purificadas.

Guematria: Cálculo de los valores numéricos de las letras que componen las palabras y las frases hebreas, utilizado para revelar las verdades y enseñanzas contenidas en las diferentes palabras y en las conexiones entre ellas.

Ietzirá: El Mundo de la Formación (ver *Atzilut*).

La Lengua Santa: La lengua hebrea que es utilizada en la Biblia, por los sabios, por los rabinos, y para la plegaria.

Mikré Laila: Literalmente, una emisión nocturna accidental. Basado en su uso en Deuteronomio 23:11, el término se refiere a la emisión de semen no intencional durante la noche.

Mikve: Baño ritual.

Peios: Guedejas utilizadas en conformidad con Levítico 19:27.

Sefirot: Atributos Divinos, emanaciones o poderes, diez en número, que se manifiestan en los cuatro Mundos (ver *Atzilut*).

Shejiná: La Presencia Divina inmanente en la Creación.

Targum: La traducción de la Biblia al arameo.

BIBLIOGRAFÍA

Consejo. *Likutey Etzot* en hebreo, una colección de enseñanzas concisas y consejos basados en las obras del Rebe Najmán, por el Rabí Natán de Breslov (ver *Fire and Water*), publicada por primera vez en Lemberg, 1840. Una segunda edición del *Likutey Etzot*, también basada en las obras del Rabí Natán, por el Rabí Najmán de Tcherin, fue publicada por primera vez en Lemberg, 1874. Una traducción al español ha sido publicada por el Breslov Research Institute, Jerusalén, 2003.

Cruzando el Puente Angosto. Una guía práctica para las enseñanzas del Rebe Najmán, por Jaim Kramer (n. 1945), publicado por el Breslov Research Institute, 1994.

Cuatro Lecciones del Rabí Najmán de Breslov. Recopilación de cuatro pequeños libros donde se traducen y comentan cuatro lecciones del *Likutey Moharán*: *Azamra*, L.M. I, 282; *¿Aié?*, L.M. II, 112; *Tzoar*, L.M. I, 112; *Maim*, L.M. I, 51. Incluye también otros textos de Breslov relacionados con las lecciones.

Etz Jaim. El clásico de la Kabalá, basado en las enseñanzas del Rabí Itzjak Luria, el Ari, por el Rabí Jaim Vital, publicado originalmente por el Rabí Meir Poppers en Koretz, 1782.

Even HaEzer. Tercera sección del *Shuljan Aruj* (ver más adelante) que trata del matrimonio, el divorcio y temas relacionados.

Ein Iaacov. Colección de *agadot* (porciones no legales) del Talmud, compilada por el Rabí Iaacov (ben Shlomo) ibn Jabib (1433-1516) y por su hijo el Rabí Levi ibn Jabib, publicada originalmente en Salónica, 1515-22.

Fire and Water. Una cuidadosa y detallada biografía del Rabí Natán (ben Reb Naftalí Hertz) Sternhartz de Breslov (1780-

1844), escriba y principal discípulo del Rebe Najmán. Ésta es una obra sobre el hombre que más hizo por establecer y construir la Jasidut de Breslov; escrito por Jaim Kramer, publicado por el Breslov Research Institute, en Jerusalén, 1992.

Hishtapjut HaNefesh. Un manual de las enseñanzas del Rebe Najmán sobre la plegaria, recopilado por Reb Alter Tepliker (ver *Mei HaNajal*), publicado por primera vez en Jerusalén, 1905. La traducción al español bajo el título de *Expansión del Alma* incluye una introducción del tema del *hitbodedut*, por el Rabí Aryeh Kaplan, publicado por el Breslov Research Institute, en el volumen titulado *Meditación, Fuerza Interior y Fe*, en Jerusalén, 2002.

Iad HaJazaká. También conocido como *Mishne Torá*, el monumental Código de la Ley Judía del Rabí Moshé ben Maimón (Maimónides; 1135-1204), más conocido como el Rambam. La obra recibe su nombre a partir de sus catorce divisiones, el valor numérico de *IaD*. Fue la primera codificación sistemática de la ley judía, y la única que incluye todas las ramas de la ley de la Torá. Considerado uno de los más grandes clásicos de la literatura de la Torá, fue impreso por primera vez en Roma en 1475. Ha sido impreso en muchas ediciones, y es tema de decenas de comentarios.

Kitzur Likutey Moharán. Una versión abreviada del *Likutey Moharán*, centrada en el consejo práctico que ofrecen las lecciones, por el Rabí Natán de Breslov a pedido del Rebe Najmán. Publicado por primera vez en Mohilov, 1811.

Likutey Moharán I y II. Obra primaria del Rabí Najmán de Breslov. La Parte I fue publicada por primera vez en Ostrog, 1808 y la Parte II en Mohilev, 1811. Se han publicado más de 40 ediciones. Hay una traducción al español de las lecciones 1 a 6, con el agregado de comentarios y fuentes, publicado por el Breslov Research Institute, Jerusalén, 2006.

Midrash Rabah. La colección más importante de literatura midráshica, recopilada durante el período Gaónico. Los Midrashim que la componen varían ampliamente y van desde el comentario puro hasta la pura homilía, todos basados en las enseñanzas de los sabios Talmúdicos. El *Midrash Rabah* sobre la Torá fue impreso por primera vez en Constantinopla, 1502, mientras que aquel sobre las cinco *meguilot* fue editado en Pesaro, 1519.

Mishná El código más antiguo de la ley judía, editado por el Rabí Iehudá el Príncipe (aprox. 188 e.c.). La Mishná sirve como la base del Talmud (ver más adelante).

Oraj Jaim. Primera sección del *Shuljan Aruj* (ver más adelante), que trata de la plegaria, las bendiciones, el Shabat y las festividades.

Parparaot LeJojmá. Importante comentario del *Likutey Moharán* por Reb Najmán de Tcherin, publicado por primera vez en Lemberg, 1876.

Rashi. Sigla de Rabí Shlomo (ben Itzjak) Iarji (ver *Shem HaGuedolim*) o Itzjaki (1040-1105), autor de los más importantes comentarios sobre la Biblia y el Talmud, impresos en casi todas las ediciones. Su comentario de la Torá fue el primer libro impreso en hebreo (Roma, aprox. 1470). Encabezó Ieshivot en Troyes y Worms, Francia. Sus comentarios son famosos por ser extremadamente concisos, extrayendo de inmediato la idea más importante del texto.

Reshit Jojmá. Una obra enciclopédica sobre la moralidad (*musar*), que se basa esencialmente en el *Zohar* (ver más adelante), por el Rabí Eliahu (ben Moshé) de Vidas (1518-1592), publicada por primera vez en Venecia, 1579. Discípulo del Rabí Moshé Cordovero, el autor tenía reputación de sabio y santo.

Sabiduría y Enseñanzas del Rabí Najmán de Breslov. Traducción del *Sijot HaRan*, Jerusalén, 1995. Compuesto por enseñanzas cortas y dichos del Rebe Najmán, compilados por el Rabí Natán de Breslov, publicada por primera vez junto con *Sipurey Maasiot*, en Ostrog, 1816. Una edición expandida, incluyendo mucho material nuevo, fue publicada en Zolkiev, 1850.

Sefer HaMidot. Colección de epigramas y aforismos sobre todos los aspectos de la vida, ordenados alfabéticamente, por el Rebe

Najmán de Breslov, publicado por primera vez en Mohilov, 1811. Una selección de sus aforismos, bajo el título de *El Libro de los Atributos*, fue publicada por el Breslov Research Institute, Jerusalén, 2005.

Sefer Ietzirá. Una de las primeras y más importantes obras místicas, se supone que fue escrita en épocas Talmúdicas o anteriores. (Hay algunos que atribuyen su autoría al Patriarca Abraham). Impresa por primera vez en Mantua, 1572, ha sido objeto de más de cien comentarios.

Shuljan Aruj. El código estándar de la ley judía, por el Rabí Iosef (ben Reb Efraim) Caro (1488-1575), publicado por primera vez en Venecia, 1564. Dividido en cuatro partes, *Oraj Jaim, Ioré Deá, Even HaEzer* y *Joshen Mishpat*. Nacido en España, el autor emigró a Turquía luego de la expulsión del año 1492, y más tarde a Safed, donde ofició como rabino principal. Con la adición del *Hagá*, el *Shuljan Aruj* se transformó en la obra estándar de la ley para todos los judíos.

Sipurey Maasiot. Los cuentos del Rebe Najmán. Publicadas por primera vez en Ostrog, 1816, y con una nueva introducción en Lemberg,1850. Traducido al español como *Los Cuentos del Rabí Najmán*, Jerusalén, 1999.

Talmud. La redacción de la Torá Oral, tal como fue enseñada por los grandes maestros desde el año 50 a.e.c. hasta alrededor del año 500 e.c. La Mishná fue la primera codificación, dispuesta en su forma presente por el Rabí Iehudá el Príncipe, alrededor del 188 e.c. Subsecuentes debates fueron recopilados en la *Guemará* por Rav Ashi y Ravina en Babilonia cerca del año 505 e.c., y es conocido en general como el Talmud de Babilonia. Junto con la Biblia, es la obra más importante de la ley y de la teología judías. Volúmenes individuales del Talmud fueron impresos en Soncino, Italia, ya en el año 1482, pero el Talmud entero fue impreso por primera vez por David Bomberg en Venecia, 1523, junto con los comentarios de Rashi y Tosafot. Una segunda compilación del Talmud, que se cree fue redactada alrededor del año 240 e.c. por el Rabí Iojanan (182-279 e.c.) y sus discípulos en Tiberias, con la concurrencia de los sabios de Jerusalén, es el Talmud *Ierushalmi* (el Talmud de Jerusalén). Es también un obra de suprema importancia, aunque considerada secundaria al Talmud de Babilonia. Fue impresa por primera vez en Venecia, 1523.

Targum. La traducción autorizada de la Torá al arameo, por el converso Onkelos (aprox. 90 e.c.). En épocas Talmúdicas era leída junto con la Torá, para que la congregación pudiera comprender su lectura.

Tikuney Zohar. Parte de la literatura Zohárica, que consiste de setenta capítulos sobre el comentario de la primera palabra de la Torá, por la escuela del Rabí Shimón bar Iojai (aprox. 120 e.c.), impreso por primera vez en Mantua, 1558. Sin embargo, una segunda edición, Orto Koy, 1719, constituye la base para todas las ediciones subsecuentes. La obra contiene algunas de las más importantes ideas de la Kabalá y es esencial para comprender el sistema del *Zohar* (ver más adelante).

Tosafot. Colección de comentarios del Talmud utilizando metodología Talmúdica. La obra fue el producto de las Ieshivot de Francia y Alemania entre los años 1100 y 1300, comenzada por los discípulos de Rashi (ver más arriba) y sus nietos, especialmente, el Rabí Iaacov Tam (aprox. 1100-1171). Se encuentra impreso en prácticamente todas las ediciones del Talmud.

Tzadik. *Jaiei Moharán* en hebreo, es una importante obra biográfica sobre el Rebe Najmán, incluyendo su peregrinaje a la Tierra Santa, escrita por su principal discípulo, el Rabí Natán de Breslov, impresa por primera vez en Ostrog, 1816 y luego, con notas agregadas por el Rabí Najmán de Tcherin, en Lemberg, 1874. Traducida al español con notas y publicada como *Tzadik* por el Breslov Research Institute, 2007.

¡Uman, Uman, Rosh HaShaná! Colección de información sobre el Rosh HaShaná del Rebe Najmán en Uman, publicada por el Breslov Research Institute, Jerusalén, 1993.

Zohar. El clásico fundamental de la Kabalá, de la escuela del Rabí Shimón bar Iojai (aprox. 120 e.c.), compilado por su discípulo, el Rabí Abba. Luego de haber estado restringido a un pequeño y cerrado círculo de Kabalistas y oculto por siglos, fue finalmente publicado cerca del año 1290 por el Rabí Moshé (ben Shem Tov) de León (1239-1305). Luego de considerable controversia, el Rabí Itzjak Ioshúa (ben Iaacov Bonet) de Lattes (1498-1571) emitió una opinión considerando que estaba permitido imprimir el *Zohar* y fue publicado en Mantua 1558-1560. Ha sido reimpreso más de sesenta veces y es tema de decena de comentarios.

תיקון הכללי

EL TIKÚN DEL RABÍ NAJMÁN

(*TIKÚN HAKLALÍ*)

Plegaria antes de recitar los Salmos:

Sea Tu voluntad, Adonai, nuestro Dios y Dios de nuestros padres:
Quien escogió a David, Su servidor, y a sus descendientes tras él, y Quien escoge entre los cánticos y alabanzas. Por favor vuélvete misericordiosamente y acepta la lectura de los Salmos que estoy por recitar, tal como si los dijera el mismo rey David, que la paz sea sobre él, y que su mérito nos proteja.

Que el mérito de los versículos de los Salmos, de sus palabras, sus letras, sus puntuaciones, sus notas musicales y los Nombres Divinos conformados por las letras iniciales y finales de cada palabra, nos proteja para expiar nuestras faltas, transgresiones y pecados.

[Que este mérito] cercene a nuestros enemigos y acusadores, y destruya todas las espinas y cardos que rodean a la Rosa Superna, para unir a la Esposa de la juventud con Su amado, con amor, hermandad y amistad.

Y que de allí descienda abundancia sobre todos los niveles de nuestra alma y espíritu, para purificarnos de nuestros pecados, perdonar nuestras transgresiones y expiar nuestra rebelión, tal y como perdonaste a David que recitó estos Salmos delante de Ti, como fue dicho: «Dios apartó también tu pecado y no morirás» (Samuel II, 12:13).

No nos retires de este mundo antes de nuestro tiempo. Hasta que completemos nuestros años que suman setenta, de modo que podamos expiar por todo el daño que hayamos hecho.

Que el mérito del rey David, que la paz sea sobre él, sea sobre nosotros y para nosotros, para que Seas paciente hasta que retornemos a Ti en perfecto arrepentimiento.

Otórganos bendiciones desde Tu tesoro de bienes gratuitos, como está escrito: «Mostraré gracia a quien mostraré gracia, y Seré misericordioso con quien Seré misericordioso» (Éxodo 33:19). Tal como cantamos delante de Ti en este mundo, otórganos el privilegio de pronunciar canciones y alabanzas delante de Ti, Adonai nuestro Dios, en el Mundo que Viene.

Que por medio de nuestro recitado de los Salmos, se despierte la Rosa del Sharón y cante con una voz agradable, con regocijo y alegría. Que le sea dada la gloria del Lebanón, esplendor y belleza, en la casa de nuestro Dios, pronto y en nuestros días. Amén. Sela.

יְהִי רָצוֹן שֶׁאוֹמְרִים קוֹדֶם אֲמִירַת תְּהִלִּים בִּימוֹת הַחוֹל:

יְהִי רָצוֹן מִלְּפָנֶיךָ יְיָ אֱלֹהֵינוּ וֵאלֹהֵי אֲבוֹתֵינוּ, הַבּוֹחֵר בְּדָוִד עַבְדּוֹ וּבְזַרְעוֹ
אַחֲרָיו וְהַבּוֹחֵר בְּשִׁירוֹת וְתִשְׁבָּחוֹת, שֶׁתֵּפֶן בְּרַחֲמִים אֶל קְרִיאַת מִזְמוֹרֵי
תְהִלִּים שֶׁאֶקְרָא כְּאִלּוּ אֲמָרָם דָּוִד הַמֶּלֶךְ, עָלָיו הַשָּׁלוֹם, בְּעַצְמוֹ זְכוּתוֹ
יָגֵן עָלֵינוּ, וְיַעֲמָד לָנוּ זְכוּת פְּסוּקֵי תְהִלִּים וּזְכוּת תֵּבוֹתֵיהֶם וְאוֹתִיּוֹתֵיהֶם
וּנְקֻדּוֹתֵיהֶם וְטַעֲמֵיהֶם וְהַשֵּׁמוֹת הַיּוֹצְאִים מֵהֶם מֵרָאשֵׁי תֵבוֹת וּמִסּוֹפֵי תֵבוֹת
לְכַפֵּר פְּשָׁעֵינוּ וַעֲוֹנוֹתֵינוּ וְחַטֹּאתֵינוּ וּלְזַמֵּר עָרִיצִים וּלְהַכְרִית כָּל הַחוֹחִים
וְהַקּוֹצִים הַסּוֹבְבִים אֶת הַשּׁוֹשַׁנָּה הָעֶלְיוֹנָה וּלְחַבֵּר אֵשֶׁת נְעוּרִים עִם דּוֹדָהּ
בְּאַהֲבָה וְאַחְוָה וְרֵעוּת, וּמִשָּׁם יִמָּשֵׁךְ לָנוּ שֶׁפַע לְנֶפֶשׁ רוּחַ וּנְשָׁמָה לְטַהֲרֵנוּ
מֵעֲוֹנוֹתֵינוּ וְלִסְלֹחַ חַטֹּאתֵינוּ וּלְכַפֵּר פְּשָׁעֵינוּ, כְּמוֹ שֶׁסָּלַחְתָּ לְדָוִד שֶׁאָמַר
מִזְמוֹרִים אֵלּוּ לְפָנֶיךָ, כְּמוֹ שֶׁנֶּאֱמַר: גַּם יְיָ הֶעֱבִיר חַטָּאתְךָ לֹא תָמוּת. וְאַל
תִּקָּחֵנוּ מֵהָעוֹלָם הַזֶּה קוֹדֶם זְמַנֵּנוּ עַד מְלֹאת שְׁנוֹתֵינוּ בָּהֶם שִׁבְעִים שָׁנָה
בְּאוֹפֶן שֶׁנּוּכַל לְתַקֵּן אֶת אֲשֶׁר שִׁחַתְנוּ. וּזְכוּת דָּוִד הַמֶּלֶךְ, עָלָיו הַשָּׁלוֹם,
יָגֵן עָלֵינוּ וּבַעֲדֵנוּ שֶׁתַּאֲרִיךְ אַפְּךָ עַד שׁוּבֵנוּ אֵלֶיךָ בִּתְשׁוּבָה שְׁלֵמָה לְפָנֶיךָ,
וּמֵאוֹצַר מַתְּנַת חִנָּם חָנֵּנוּ כְּדִכְתִיב: וְחַנּוֹתִי אֶת אֲשֶׁר אָחֹן וְרִחַמְתִּי אֶת
אֲשֶׁר אֲרַחֵם. וּכְשֵׁם שֶׁאָנוּ אוֹמְרִים לְפָנֶיךָ שִׁירָה בָּעוֹלָם הַזֶּה כָּךְ נִזְכֶּה
לוֹמַר לְפָנֶיךָ יְיָ אֱלֹהֵינוּ שִׁיר וּשְׁבָחָה לָעוֹלָם הַבָּא, וְעַל יְדֵי אֲמִירַת תְּהִלִּים
תִּתְעוֹרֵר חֲבַצֶּלֶת הַשָּׁרוֹן וְלָשִׁיר בְּקוֹל נָעִים בְּגִילַת וְרַנֵּן כְּבוֹד הַלְּבָנוֹן נִתַּן לָהּ,
הוֹד וְהָדָר בְּבֵית אֱלֹהֵינוּ, בִּמְהֵרָה בְיָמֵינוּ אָמֵן סֶלָה:

Antes de recitar el Tikún HaKlalí es bueno decir lo siguiente:

Al decir estos diez Salmos me unifico a todos los verdaderos Tzadikim de esta generación y a todos los verdaderos Tzadikim de las generaciones pasadas, "Los santos que están en la tierra," y en especial a nuestro santo Rebe, el Tzadik, cimiento del mundo, "arroyo fluyente, fuente de sabiduría," Rabí Najmán ben Feiga, (que su mérito nos proteja) quien revelara este remedio.

Venid, cantemos a Dios, clamemos de alegría a la Roca de nuestra salvación. Vayamos delante de Su presencia con agradecimiento; cantémosle a Él con alegría en un cántico. Pues Dios es un gran Dios y un gran Rey por sobre todos los dioses (Salmos 95:1-3).

Antes de comenzar los Salmos se dice:

Preparo mi boca para agradecer y alabar a mi Creador, para unificar al Santo, bendito sea y a Su Shejiná con temor y amor, por medio del Oculto y Escondido, en nombre de todo Israel.

Antes de recitar el Tikún HaKlalí es bueno decir lo siguiente:

Areini mkasher atzmi baamirat haasará mizmorim eilu le kol ha-Tzadikim haamitim she bedoreinu ulekol ha-Tzadikim haamitim shojnei afar kdoshim asher baaretz hemá. Ubifrat leRabeinu hakadosh Tzadik isod olam, Najal Novea Mkor Jojmá, Rabeinu Najmán ben Feiga she gilá tikún ze, zejut iaguen aleinu, Amén

Leju nerananá lAdonai, naria letzur isheinu;
Nekadmá fanav betodá bizmirot naria lo;
Ki El gadol Adonai umelej gadol al kol Elohim.

Antes de comenzar los Salmos se dice:

Areini mezamen et pi, lehodot ulealel uleshabeaj et bori;
Le shem ijud Kudshá Brij Hu ushejintei, bidjilu urjimu al idei ha hu tamir veneelam beshem kol Israel.

טוב לומר זאת לפני אמירת העשרה מזמורים:

הֲרֵינִי מְקַשֵּׁר עַצְמִי בַּאֲמִירַת הָעֲשָׂרָה מִזְמוֹרִים אֵלּוּ לְכָל הַצַּדִּיקִים הָאֲמִתִּיִּים שֶׁבְּדוֹרֵנוּ וּלְכָל הַצַּדִּיקִים הָאֲמִתִּיִּים שׁוֹכְנֵי עָפָר קְדוֹשִׁים אֲשֶׁר בָּאָרֶץ הֵמָּה, וּבִפְרָט לְרַבֵּנוּ הַקָּדוֹשׁ צַדִּיק יְסוֹד עוֹלָם נַחַל נוֹבֵעַ מְקוֹר חָכְמָה רַבֵּנוּ נַחְמָן בֶּן פֵיגֶא זְכוּתוֹ יָגֵן עָלֵינוּ שֶׁיִּגָּלֶה תִּקּוּן זֶה:

לְכוּ נְרַנְּנָה לַיְיָ נָרִיעָה לְצוּר יִשְׁעֵנוּ: נְקַדְּמָה פָנָיו בְּתוֹדָה בִּזְמִירוֹת נָרִיעַ לוֹ: כִּי אֵל גָּדוֹל יְיָ וּמֶלֶךְ גָּדוֹל עַל כָּל אֱלֹהִים:

קודם שיתחיל תהלים יאמר זה:

הֲרֵינִי מְזַמֵּן אֶת פִּי, לְהוֹדוֹת לְהַלֵּל וּלְשַׁבֵּחַ אֶת בּוֹרְאִי; לְשֵׁם יִחוּד קֻדְשָׁא בְּרִיךְ הוּא וּשְׁכִנְתֵּיהּ, בִּדְחִילוּ וּרְחִימוּ, עַל יְדֵי הַהוּא טָמִיר וְנֶעְלָם בְּשֵׁם כָּל יִשְׂרָאֵל.

16

1   Himno de David, *Mijtam*. ¡Protégeme, Dios, pues en Ti me refugio!

2   Tú dijiste a Dios: "Tú eres mi Amo, no Te exijo concederme el bien".

3   En aras de los santos que yacen en la tierra y los poderosos, en mérito a ellos satisfaces todas mis necesidades.

4   Se multiplicarán las penurias de los que sirven diligentes a otra (deidad.) No participaré de sus ofrendas de sangre ni pronunciaré sus nombres con mis labios.

5   Dios es mi herencia y mi parte. Tú apoyas mi destino.

6   ¡Qué hermosa la parte que me ha tocado!; ¡qué bella, la heredad que recibí!

7   Bendeciré a Dios Que me aconsejó; también por las noches mi conciencia me insta.

8   Siempre he puesto a Dios ante mí, porque estando Él a mi derecha no vacilaré.

9   Por eso se regocija mi corazón y se alegra mi alma; también mi cuerpo descansa tranquilo;

10   pues no abandonarás mi alma al abismo, ni permitirás que Tu devoto sea testigo de la destrucción.

11   Me harás conocer la senda de la vida, la profusión de alegrías en Tu presencia, las delicias que siempre están a Tu Derecha.

---

9)   Lajén, samáj libbí vaiáguel kebodí, af-besarí ishkón labétaj.

10)   Ki lo-taazób nafshí lish-ól, lo-titén jasídeja lir-ót shájat.

11)   Todiéni óraj jaím sóba semajót et-panéja neimót bimíneja nétzaj.

טז

א	מִכְתָּם לְדָוִד שָׁמְרֵנִי אֵל, כִּי חָסִיתִי בָךְ׃
ב	אָמַרְתְּ לַיְיָ אֲדֹנָי אָתָּה, טוֹבָתִי בַּל עָלֶיךָ׃
ג	לִקְדוֹשִׁים אֲשֶׁר בָּאָרֶץ הֵמָּה, וְאַדִּירֵי כָּל חֶפְצִי בָם׃
ד	יִרְבּוּ עַצְּבוֹתָם אַחֵר מָהָרוּ, בַּל אַסִּיךְ נִסְכֵּיהֶם מִדָּם, וּבַל אֶשָּׂא אֶת שְׁמוֹתָם עַל שְׂפָתָי׃
ה	יְיָ מְנָת חֶלְקִי וְכוֹסִי, אַתָּה תּוֹמִיךְ גּוֹרָלִי׃
ו	חֲבָלִים נָפְלוּ לִי בַּנְּעִמִים, אַף נַחֲלָת שָׁפְרָה עָלָי׃
ז	אֲבָרֵךְ אֶת יְיָ אֲשֶׁר יְעָצָנִי, אַף לֵילוֹת יִסְּרוּנִי כִלְיוֹתָי׃
ח	שִׁוִּיתִי יְיָ לְנֶגְדִּי תָמִיד, כִּי מִימִינִי בַּל אֶמּוֹט׃
ט	לָכֵן שָׂמַח לִבִּי וַיָּגֶל כְּבוֹדִי, אַף בְּשָׂרִי יִשְׁכֹּן לָבֶטַח׃
י	כִּי לֹא תַעֲזֹב נַפְשִׁי לִשְׁאוֹל, לֹא תִתֵּן חֲסִידְךָ לִרְאוֹת שָׁחַת׃
יא	תּוֹדִיעֵנִי אֹרַח חַיִּים שֹׂבַע שְׂמָחוֹת אֶת פָּנֶיךָ, נְעִימוֹת בִּימִינְךָ נֶצַח׃

Salmo 16

1) Mijtám leDavid, shámeréni El ki-jasíti baj.
2) Amárt lAdonay Adonay áta, tóbatí bal-aléja.
3) Likdoshím ashér baáretz hémma, veaddiré kol-jéftzi-bam.
4) Irbbú atzebotám ajér maháru bal-assíj niskehém middám, ubál-essá et-shemotám al-sefatáy.
5) Adonay, menát jelkí vejosí, attá tomíj goralí.
6) Jabalím náflu-lí banneimím, af-najalát sháferá aláy.
7) Abaréj et-Adonay ashér ieatzáni af-lelót isséruni jil-iotáy.
8) Shivvíti Adonay lenegddí tamíd, ki miminí bal-emmót.

32

1   De David. *Maskil*. ¡Feliz de aquél cuya transgresión ha sido perdonada y su falta, indultada!

2   ¡Alabado el hombre a quien Dios no imputa la transgresión, pues en su espíritu no hay engaño!

3   Cuando callé se deterioraron mis huesos por mi clamor de angustia todo el día.

4   Pues día y noche se agravaba Tu mano sobre mí, mi frescura se hizo como sequía de verano. Sela.

5   Te hago conocer mi falta y no encubro mi iniquidad. Dije: "Confesaré mi falta a Dios" y Tú (siempre) perdonas la culpa de mi falta. Sela.

6   Por esto ora a Ti todo piadoso en el momento de su desgracia: Para que el torrente de penas no le dé alcance.

7   Tú eres un refugio para mí, de la angustia me preservas, con cánticos de liberación me envuelves. Sela.

8   Te instruiré y te enseñaré el camino en que debes andar; te enseñaré lo que mi ojo ha visto.

9   No sean necios como un caballo o una mula, que cuando son adornados deben ser refrenados con freno y riendas para que no te embistan.

10   Muchas son las agonías del inicuo, pero quien confíe en Dios estará rodeado de bienestar.

11   ¡Ustedes, los justos, alégrense en Dios y regocíjense; y canten de gozo todos los rectos de corazón!

6)   Al-zot itpalél kol-jasíd eléja leét metzó rák leshétef máim rabbím, eláv ló iaguíu.

7)   Atá séter lí mitzár titzeréni ronné falét, tesobebéni séla.

8)   Askilejá veorejá bedérej-zú teléj, iatzá aléja ení.

9)   Al-tihi-iú kesús keféred én habín beméteg varésen ed-ió liblóm, bal kerób eléja.

10) Rabbím maj-obím larashá vehabbotéaj bAdonay jésed iesobebénnu.

11) Simjú bAdonay veguílu tzaddikím, veharnínu kol-íshre-léb.

לב

א	לְדָוִד מַשְׂכִּיל, אַשְׁרֵי נְשׂוּי פֶּשַׁע כְּסוּי חֲטָאָה:
ב	אַשְׁרֵי אָדָם, לֹא יַחְשֹׁב יְיָ לוֹ עָוֹן, וְאֵין בְּרוּחוֹ רְמִיָּה:
ג	כִּי הֶחֱרַשְׁתִּי בָּלוּ עֲצָמָי, בְּשַׁאֲגָתִי כָּל הַיּוֹם:
ד	כִּי יוֹמָם וָלַיְלָה תִּכְבַּד עָלַי יָדֶךָ, נֶהְפַּךְ לְשַׁדִּי בְּחַרְבֹנֵי קַיִץ סֶלָה:
ה	חַטָּאתִי אוֹדִיעֲךָ, וַעֲוֹנִי לֹא כִסִּיתִי, אָמַרְתִּי אוֹדֶה עֲלֵי פְשָׁעַי לַייָ, וְאַתָּה נָשָׂאתָ עֲוֹן חַטָּאתִי סֶלָה:
ו	עַל זֹאת יִתְפַּלֵּל כָּל חָסִיד אֵלֶיךָ לְעֵת מְצֹא, רַק לְשֵׁטֶף מַיִם רַבִּים אֵלָיו לֹא יַגִּיעוּ:
ז	אַתָּה סֵתֶר לִי * מִצַּר תִּצְּרֵנִי, רָנֵּי פַלֵּט תְּסוֹבְבֵנִי סֶלָה:
ח	אַשְׂכִּילְךָ וְאוֹרְךָ בְּדֶרֶךְ זוּ תֵלֵךְ, אִיעֲצָה עָלֶיךָ עֵינִי:
ט	אַל תִּהְיוּ כְּסוּס כְּפֶרֶד אֵין הָבִין, בְּמֶתֶג וָרֶסֶן עֶדְיוֹ לִבְלוֹם, בַּל קְרֹב אֵלֶיךָ:
י	רַבִּים מַכְאוֹבִים לָרָשָׁע וְהַבּוֹטֵחַ בַּייָ חֶסֶד יְסוֹבְבֶנּוּ:
יא	שִׂמְחוּ בַייָ וְגִילוּ צַדִּיקִים, וְהַרְנִינוּ כָּל יִשְׁרֵי לֵב:

* אחר אתה סתר לי, צריך להפסיק מעט (עיין ליקוטי מוהר"ן ח"א רנג).

Salmo 32

1) Mijtám leDavid, shámeréni El ki-jasíti baj.
1) LeDavid maskíl ashré nesúy-pésha, kesúy jataá.
2) Ashré adám lo-iajshób Adonay ló avón, veén berujó remi-iá.
3) Kí hejeráshti balú atzamáy, beshaagatí kol-haióm.
4) Kí iomám valáila tijbád aláy iadéja nehpáj leshaddí, bejarbóne káitz séla.
5) Jattatí odíajá vaavoní lo-jissití amárti odé alé feshaáy lAdonay, veatá nasáta avón jattatí séla.

41

1   Para el director de canto. Salmo de David.

2   Alabado quien considera sabiamente al necesitado, en el día de desgracia Dios lo librará.

3   Dios lo preservará y le dará (más) vida; dichoso será en la tierra y Él no lo entregará a la voluntad de sus enemigos.

4   Dios lo fortalecerá sobre el lecho de la miseria; incluso cuando todo su sosiego se vea alterado a causa de su abatimiento.

5   En cuanto a mí, (dije en mi abatimiento:) "Dios, apiádaTe de mí, sana mi alma pues he transgredido contra Ti".

6   Mis enemigos hablan maldad de mí: "¿Cuándo morirá y desaparecerá su nombre?"

7   Y si (alguno de ellos) viene a verme, me habla con hipocresía; su corazón acumula maldad, y al salir afuera la divulga.

8   Susurran juntos contra mí todos mis enemigos; traman el mal contra mí.

9   (Dicen:) "Sus actos perversos son derramados sobre él; y ahora que está agonizando que nunca más se levante".

10   Aun mi íntimo amigo, en quien yo confié, el que comía de mi pan, ha levantado su talón contra mí.

11   ¡En cuanto a Ti, Dios, apiádaTe de mí, hazme levantar y yo les retribuiré (a mis enemigos)!

12   Así sabré que Te satisfaces conmigo: que mi enemigo no cante victoria contra mí.

13   Tú me sustentas a causa de mi integridad y me haces estar erguido ante Ti (para servirTe) hasta la eternidad.

14   ¡Bendito es Dios, Elohim de Israel, por siempre y para siempre! ¡Amén y Amén!

---

10)   Gam ísh-shelomí ashér-batájti bó ojél lajmí, higddíl aláy akéb.

11)   Veatá Adonay jonnéni vahakiméni, vaashalemá lahém.

12)   Bezót iadáti kí-jafátzta bí, kí ló-iaría oiebí aláy.

13)   Vaaní betummí tamájta bí, vatatzibéni lefanéja leolám.

14)   Barúj Adonay Elohé Israel, mehaolám veád-haolám amén, veamén.

מא

א לַמְנַצֵּחַ מִזְמוֹר לְדָוִד:

ב אַשְׁרֵי מַשְׂכִּיל אֶל דָּל, בְּיוֹם רָעָה יְמַלְּטֵהוּ יְיָ:

ג יְיָ יִשְׁמְרֵהוּ וִיחַיֵּהוּ, וְאֻשַּׁר בָּאָרֶץ, וְאַל תִּתְּנֵהוּ בְּנֶפֶשׁ אֹיְבָיו:

ד יְיָ יִסְעָדֶנּוּ עַל עֶרֶשׂ דְּוָי, כָּל מִשְׁכָּבוֹ הָפַכְתָּ בְחָלְיוֹ:

ה אֲנִי אָמַרְתִּי יְיָ חָנֵּנִי, רְפָאָה נַפְשִׁי כִּי חָטָאתִי לָךְ:

ו אוֹיְבַי יֹאמְרוּ רַע לִי, מָתַי יָמוּת וְאָבַד שְׁמוֹ:

ז וְאִם בָּא לִרְאוֹת, שָׁוְא יְדַבֵּר, לִבּוֹ יִקְבָּץ אָוֶן לוֹ, יֵצֵא לַחוּץ יְדַבֵּר:

ח יַחַד עָלַי יִתְלַחֲשׁוּ כָּל שֹׂנְאָי, עָלַי יַחְשְׁבוּ רָעָה לִי:

ט דְּבַר בְּלִיַּעַל יָצוּק בּוֹ, וַאֲשֶׁר שָׁכַב לֹא יוֹסִיף לָקוּם:

י גַּם אִישׁ שְׁלוֹמִי, אֲשֶׁר בָּטַחְתִּי בוֹ, אוֹכֵל לַחְמִי, הִגְדִּיל עָלַי עָקֵב:

יא וְאַתָּה יְיָ חָנֵּנִי וַהֲקִימֵנִי, וַאֲשַׁלְּמָה לָהֶם:

יב בְּזֹאת יָדַעְתִּי כִּי חָפַצְתָּ בִּי, כִּי לֹא יָרִיעַ אֹיְבִי עָלָי:

יג וַאֲנִי בְּתֻמִּי, תָּמַכְתָּ בִּי, וַתַּצִּיבֵנִי לְפָנֶיךָ לְעוֹלָם:

יד בָּרוּךְ יְיָ אֱלֹהֵי יִשְׂרָאֵל מֵהָעוֹלָם וְעַד הָעוֹלָם, אָמֵן וְאָמֵן:

Salmo 41

1) Lamnatzéaj mizmór leDavid.
2) Ashré maskíl el-dál, beióm raá iemaletéhu Adonay.
3) Adonay ishmeréhu vijaiéhú veushár baáretz, veal-titenéhu benéfesh oiebáv.
4) Adonay is-adénnu al-éres deváy, kol-mishkabó hafájta bejol-ió.
5) Aní amárti Adonay jonnéni, refaá nafshí kí-jatáti láj.
6) Oiebáy iomerú rá lí, matáy iamút veabád shemó.
7) Veim-bá lir-ót sháv iedabbér libbó ikbotz-áven ló, ietzé lajútz iedabbér.
8) Iájad aláy itlajashú kol-soneáy, aláy iajshebú raá lí.
9) Débar-beli-iáal iatzúk bó, vaashér shajáb ló-iosíf lakúm.

42

1   Para el director de canto. *Maskil*. De los hijos de Koraj.

2   Como una cierva suplica sedienta por fuentes de agua, así mi alma clama (sedienta) por Ti, Dios.

3   Sedienta está mi alma de Dios, del Dios viviente; ¿cuándo podré venir y presentarme ante Dios?

4   Mis lágrimas han sido para mí como el pan de día y de noche, mientras a diario me enrostran irónicamente (mis enemigos:) "¿Dónde está tu Dios?, ¿por qué no viene a auxiliarte?"

5   Mi alma se derrama dentro de mí cuando me acuerdo de cómo solía avanzar junto con el gentío, caminando hacia la Casa de Dios, con cánticos de alegría y alabanzas, (formando) una festiva multitud.

6   ¿Por qué estás deprimida, mi alma, y por qué estás alterada por mí? Espera en Dios pues aún Le tengo que alabar por las salvaciones (que emergerán) de Él.

7   Dios mío, mi alma está deprimida por mí, porque me acuerdo de Ti, de la tierra del Iardén, de las alturas del Jermón, de la colina de Mitzar.

8   Un abismo llama a otro abismo al estruendo de Tus canales de agua, todas Tus cascadas y Tus olas pasaron sobre mí.

9   De día mandará Dios Su benevolencia, de noche Su canción está conmigo. ¡Una plegaria al Todopoderoso de mi vida!

10   Diré al Todopoderoso, mi Roca: "¿Por qué Te has olvidado de mí? ¿Por qué he de andar decaído bajo la opresión del enemigo?"

---

7) Eloháy aláy nafshí tishtojáj al-kén ezkorjá meéretz iardén, vejermoním mehár mitz-ár.

8) Tehóm el-tehóm koré lekól tzinnoréja, kol-mishbaréja vegaléja aláy abáru.

9) Iomám ietzavvé Adonay jasddó ubaláila shiró immí, tefilá leÉl jaiáy.

10) Omerá leÉl sal-í lamá shejajtáni, lámma-kodér eléj belájatz oiéb.

מב

א לַמְנַצֵּחַ מַשְׂכִּיל לִבְנֵי קֹרַח:

ב כְּאַיָּל תַּעֲרֹג עַל אֲפִיקֵי מָיִם, כֵּן נַפְשִׁי תַעֲרֹג אֵלֶיךָ אֱלֹהִים:

ג צָמְאָה נַפְשִׁי לֵאלֹהִים לְאֵל חָי, מָתַי אָבוֹא וְאֵרָאֶה פְּנֵי אֱלֹהִים:

ד הָיְתָה לִּי דִמְעָתִי לֶחֶם יוֹמָם וָלָיְלָה, בֶּאֱמֹר אֵלַי כָּל הַיּוֹם, אַיֵּה אֱלֹהֶיךָ:

ה אֵלֶּה אֶזְכְּרָה וְאֶשְׁפְּכָה עָלַי נַפְשִׁי כִּי אֶעֱבֹר בַּסָּךְ, אֶדַּדֵּם עַד בֵּית אֱלֹהִים בְּקוֹל רִנָּה וְתוֹדָה הָמוֹן חוֹגֵג:

ו מַה תִּשְׁתּוֹחֲחִי נַפְשִׁי וַתֶּהֱמִי עָלָי, הוֹחִלִי לֵאלֹהִים, כִּי עוֹד אוֹדֶנּוּ יְשׁוּעוֹת פָּנָיו:

ז אֱלֹהַי, עָלַי נַפְשִׁי תִשְׁתּוֹחָח, עַל כֵּן אֶזְכָּרְךָ מֵאֶרֶץ יַרְדֵּן, וְחֶרְמוֹנִים, מֵהַר מִצְעָר:

ח תְּהוֹם אֶל תְּהוֹם קוֹרֵא לְקוֹל צִנּוֹרֶיךָ, כָּל מִשְׁבָּרֶיךָ וְגַלֶּיךָ עָלַי עָבָרוּ:

ט יוֹמָם יְצַוֶּה יְיָ חַסְדּוֹ, וּבַלַּיְלָה שִׁירֹה עִמִּי, תְּפִלָּה לְאֵל חַיָּי:

י אוֹמְרָה לְאֵל סַלְעִי לָמָה שְׁכַחְתָּנִי, לָמָּה קֹדֵר אֵלֵךְ, בְּלַחַץ אוֹיֵב:

Salmo 42
1) Lamnatzéaj maskíl libné-Kóraj.
2) Keaiál taaróg al-afíke-máim, kén nafshí taaróg eléja Elohím.
3) Tzameá nafshí lElohím leÉl jáy matáy abó, veeraé pené Elohím.
4) Háita-lí dim-atí léjem iomám valáila, beemór eláy kól-haióm aié Elohéja.
5) Éle ezkerá veeshpejá aláy nafshí kí eebór bassáj eddaddém, ad-bét Elohím bekól-rinná vetodá hamón joguég.
6) Má-tishtójají nafshí vatehemí aláy, hojíli lElohím kí-ód odénnu, ieshuót panáv.

11   Como una espada asesina en mis huesos son las afrentas de mis enemigos, que se burlan de mí, diciéndome todo el día: "¿Dónde está tu Dios?"

12   ¿Por qué estás deprimida, mi alma, y por qué te alteras por mí? Confía en Dios, pues todavía debo alabarLe. Es mi Salvación, es la Luz de mi semblante, mi Dios.

59

1   Al director de canto. Para no ser destruido, *Mijtam* de David, cuando Shaúl envió (hombres) para vigilar su casa para matarle.

2   Líbrame, Dios, de mis enemigos, cuídame de quienes se levantan contra mí.

3   Líbrame de los que obran el mal y de los hombres sanguinarios sálvame.

4   Pues ellos acechan a mi alma; impudentes se juntan contra mí, y no porque yo haya transgredido o delinquido (contra ellos,) Dios.

5   Sin delito (de mi parte) corren y se preparan. ¡Despierta (Dios) en mi socorro y observa (mi sufrimiento)!

6   ¡Tú, Dios, Dios de los Ejércitos, Dios de Israel, despierta para castigar a todos esos pueblos! ¡No tengas piedad de los miserables traidores! Sela.

7   Regresan al atardecer ladrando como perros y rodeando la ciudad.

8   Miren, expresan con su boca (su deseo de acecharme,) hay espadas en sus labios, pues (según ellos,) ¿quién oye?

9   Pero Tú, Dios, Te ríes de ellos como ridiculizas a los pueblos.

---

6)   Veatá Adonay-Elohím Tzebaót, Elohé Israel hakítza lifkód kól-haggoím, al-tajón kol-bógde áven séla.

7)   Iashúbu laéreb iehemú jakáleb, visóbebu ír.

8)   Hinné iabbiún befihém jarabót besiftótehém, kí-mí shoméa.

9)   Veatá Adonay tísjak-lámo, til-ág lejól-goím.

יא בְּרֶצַח בְּעַצְמוֹתַי חֵרְפוּנִי צוֹרְרָי, בְּאָמְרָם אֵלַי כָּל הַיּוֹם אַיֵּה אֱלֹהֶיךָ:

יב מַה תִּשְׁתּוֹחֲחִי נַפְשִׁי וּמַה תֶּהֱמִי עָלָי, הוֹחִילִי לֵאלֹהִים כִּי עוֹד אוֹדֶנּוּ, יְשׁוּעֹת פָּנַי וֵאלֹהָי:

נט

א לַמְנַצֵּחַ אַל תַּשְׁחֵת לְדָוִד מִכְתָּם, בִּשְׁלֹחַ שָׁאוּל וַיִּשְׁמְרוּ אֶת הַבַּיִת לַהֲמִיתוֹ:

ב הַצִּילֵנִי מֵאֹיְבַי אֱלֹהָי, מִמִּתְקוֹמְמַי תְּשַׂגְּבֵנִי:

ג הַצִּילֵנִי מִפֹּעֲלֵי אָוֶן וּמֵאַנְשֵׁי דָמִים הוֹשִׁיעֵנִי:

ד כִּי הִנֵּה אָרְבוּ לְנַפְשִׁי יָגוּרוּ עָלַי עַזִּים, לֹא פִשְׁעִי וְלֹא חַטָּאתִי יְיָ:

ה בְּלִי עָוֹן יְרֻצוּן וְיִכּוֹנָנוּ, עוּרָה לִקְרָאתִי וּרְאֵה:

ו וְאַתָּה יְיָ אֱלֹהִים צְבָאוֹת אֱלֹהֵי יִשְׂרָאֵל, הָקִיצָה לִפְקֹד כָּל הַגּוֹיִם, אַל תָּחֹן כָּל בֹּגְדֵי אָוֶן סֶלָה:

ז יָשׁוּבוּ לָעֶרֶב, יֶהֱמוּ כַכָּלֶב, וִיסוֹבְבוּ עִיר:

ח הִנֵּה יַבִּיעוּן בְּפִיהֶם, חֲרָבוֹת בְּשִׂפְתוֹתֵיהֶם, כִּי מִי שֹׁמֵעַ:

ט וְאַתָּה יְיָ תִּשְׂחַק לָמוֹ, תִּלְעַג לְכָל גּוֹיִם:

---

11) Berétzaj beatzmotáy jerefúni tzoreráy, beomrám eláy kol-haióm aié Elohéja.
12) Má-tishtójají nafshí umá-tehemí aláy, hojíli lElohím kí-od odénnu, ieshuót panáy vEloháy.

Salmo 59

1) Lamnatzéaj al-tashjét leDavid mijtám bishlóaj Shaúl, vaishmerú et-habbáit lahamitó. 2) Hatziléni meoiebáy, Elohá, mimitkómemáy tesaguebéni.
3) Hatziléni mipóale áven, umeanshé damím hoshiéni.
4) Kí hinné arebú lenafshí iagúru aláy azzím, ló-fish-í veló-jattatí Adonay.
5) Belí-avón ierutzún veikonánu, urá likratí ur-é.

10   Ante la fuerza (del enemigo) confiaré en Ti, pues Dios es mi baluarte.

11   El Dios de mi misericordia se apresurará en mi ayuda. Dios me los mostrará.

12   No los mates, no sea que mi pueblo olvide; dispérsalos con Tu poder y abátelos, Dios, Escudo nuestro.

13   (Esos castigos sean) por el pecado de su boca y por las palabras de sus labios. Sean ellos quienes caigan en la trampa de su propio orgullo, por las maldiciones y las mentiras que dicen.

14   Consúmelos en (Tu) indignación, consúmelos para que dejen de existir y se sabrá — desde todos los confines del Universo— que Dios gobierna sobre Iaacov. Sela.

15   ¡Que vuelvan cada tarde, que aúllen como perros y rodeen la ciudad!

16   Vagarán buscando qué comer y sin estar satisfechos se irán a dormir.

17   Pero yo cantaré Tu poder y me regocijaré por Tu misericordia a la mañana, pues has sido refugio y amparo para mí en el día de mi aflicción.

18   ¡Mi Fuerza, a Ti cantaré loas, porque Dios es mi refugio, Dios de mi benevolencia!

77

1   Para el director de canto, con Iedutún. Salmo de Asaf.

2   Mi voz (elevaré) a Dios y clamaré; (elevaré) mi voz a Dios para que Él me escuche.

3   En el día de mi angustia, a Dios procuré; mi herida manaba toda la noche sin cesar; mi alma rehusaba el consuelo.

---

17) Vaaní ashír uzzéja vaarannén labbóker jasddéja kí-haíta misgáb lí, umanós beióm tzár-lí.
18) Uzzí eléja azamméra, kí-Elohím misgabbí Elohé jasddí.

Salmo 77
1) Lamnatzéaj al-Iedutún, leAsáf mizmor.
2) Kolí el-Elohím veetz-áka, kolí el-Elohím vehaazín eláy.
3) Beióm tzaratí Adonay dáráshti iadí láila niguerá veló tafúg, meaná hinnajém nafshí.

עֻזּוֹ, אֵלֶיךָ אֶשְׁמֹרָה, כִּי אֱלֹהִים מִשְׂגַּבִּי: י

אֱלֹהֵי חַסְדִּי יְקַדְּמֵנִי, אֱלֹהִים יַרְאֵנִי בְשֹׁרְרָי: יא

אַל תַּהַרְגֵם, פֶּן יִשְׁכְּחוּ עַמִּי, הֲנִיעֵמוֹ בְחֵילְךָ וְהוֹרִידֵמוֹ, יב
מָגִנֵּנוּ אֲדֹנָי:

חַטַּאת פִּימוֹ דְּבַר שְׂפָתֵימוֹ וְיִלָּכְדוּ בִגְאוֹנָם, וּמֵאָלָה וּמִכַּחַשׁ יג
יְסַפֵּרוּ:

כַּלֵּה בְחֵמָה, כַּלֵּה וְאֵינֵמוֹ, וְיֵדְעוּ כִּי אֱלֹהִים מֹשֵׁל בְּיַעֲקֹב, יד
לְאַפְסֵי הָאָרֶץ סֶלָה:

וְיָשֻׁבוּ לָעֶרֶב, יֶהֱמוּ כַכָּלֶב, וִיסוֹבְבוּ עִיר: טו

הֵמָּה יְנִיעוּן לֶאֱכֹל, אִם לֹא יִשְׂבְּעוּ וַיָּלִינוּ: טז

וַאֲנִי אָשִׁיר עֻזֶּךָ, וַאֲרַנֵּן לַבֹּקֶר חַסְדֶּךָ, כִּי הָיִיתָ מִשְׂגָּב לִי, יז
וּמָנוֹס בְּיוֹם צַר לִי:

עֻזִּי אֵלֶיךָ אֲזַמֵּרָה, כִּי אֱלֹהִים מִשְׂגַּבִּי אֱלֹהֵי חַסְדִּי: יח

עז

לַמְנַצֵּחַ עַל יְדוּתוּן לְאָסָף מִזְמוֹר: א

קוֹלִי אֶל אֱלֹהִים וְאֶצְעָקָה, קוֹלִי אֶל אֱלֹהִים וְהַאֲזִין אֵלָי: ב

בְּיוֹם צָרָתִי אֲדֹנָי דָּרָשְׁתִּי, יָדִי לַיְלָה נִגְּרָה וְלֹא תָפוּג, מֵאֲנָה ג
הִנָּחֵם נַפְשִׁי:

---

10) Uzzó eléja eshmóra kí Elohím misgabbí.

11) Elohé jasddí iekademéni, Elohím iar-éni beshoreráy.

12) Al-tharguém pen-ishkejú ammí haniémo bejélejá vehoridémo, maguinnénu Adonay.

13) Játat-pímo débar-sefatémo veilájedú big-onám, umealá umikájash iesappéru.

14) Kalé bejemá kalé veenémo , veiedeú kí-Elohím moshél beIaacób, leafsé haáretz Séla.

15) Veiashúbu laéreb iehemú jakáleb, visóbebu ír.

16) Hémma ieniún leejól, im-ló isbeú vaialínu.

4   Recuerdo, Dios, y me lamento, hablo y languidece mi espíritu. Sela.

5   Mantienes en desvelo mis ojos, estoy quebrado, no puedo hablar.

6   Medité sobre los buenos días pasados, los viejos años.

7   Me acuerdo de mi canción en la noche, medito en mi corazón y mi espíritu inquiere:

8   "¿Dios me rechazará para siempre y no volverá a amarme?

9   ¿Se ha terminado Su benevolencia para siempre, ha sellado Dios el decreto para todas las generaciones?

10   ¿Se ha olvidado Dios de la compasión? ¿Ha anulado Su piedad a causa de Su enojo?" Sela.

11   Dije: "Este cambio en la diestra del Supremo es para intimidarme."

12   Recuerdo las obras de Iá cuando rememoro Tus prodigios de antaño;

13   medito también en toda Tu obra y comento sobre Tus actos.

14   ¡Dios, Tu camino es santificarte! ¿Qué poder es tan grande como Dios?

15   ¡Tú eres el Dios que hace maravillas! Diste a conocer Tu poder entre las naciones.

16   Redimiste con Tu brazo a Tu pueblo, los hijos de Iaacov y de Iosef. Sela.

17   Te vieron las aguas, Dios, las aguas Te vieron y temieron; los abismos también temblaron.

18   Las nubes vertieron torrentes de aguas, los cielos dieron tronadas; Tus rayos pasaron.

---

13) Vehaguíti bejól-paoléja, ubaalilotéja asíja.
14) Elohím bakkódesh darkéja, mí-él gadól kElohím.
15) Atá haÉl óse féle, hodáta baammím uzzéja.
16) Gaálta bizróa amméja, bené-Iaacób veIoséf séla.
17) Raúja mmáim Elohím raúja mmáim iajílu, áf irguezú tehomót.
18) Zórmu máim abót kól natenú shejakím, áf-jatzatzéja it-haláju.

ד   אֶזְכְּרָה אֱלֹהִים וְאֶהֱמָיָה, אָשִׂיחָה, וְתִתְעַטֵּף רוּחִי סֶלָה:

ה   אָחַזְתָּ שְׁמֻרוֹת עֵינָי, נִפְעַמְתִּי וְלֹא אֲדַבֵּר:

ו   חִשַּׁבְתִּי יָמִים מִקֶּדֶם, שְׁנוֹת עוֹלָמִים:

ז   אֶזְכְּרָה נְגִינָתִי בַּלָּיְלָה, עִם לְבָבִי אָשִׂיחָה, וַיְחַפֵּשׂ רוּחִי:

ח   הַלְעוֹלָמִים יִזְנַח אֲדֹנָי, וְלֹא יֹסִיף לִרְצוֹת עוֹד:

ט   הֶאָפֵס לָנֶצַח חַסְדּוֹ, גָּמַר אֹמֶר לְדֹר וָדֹר:

י   הֲשָׁכַח חַנּוֹת אֵל, אִם קָפַץ בְּאַף רַחֲמָיו סֶלָה:

יא   וָאֹמַר חַלּוֹתִי הִיא, שְׁנוֹת יְמִין עֶלְיוֹן:

יב   אֶזְכּוֹר מַעַלְלֵי יָהּ, כִּי אֶזְכְּרָה מִקֶּדֶם פִּלְאֶךָ:

יג   וְהָגִיתִי בְכָל פָּעֳלֶךָ, וּבַעֲלִילוֹתֶיךָ אָשִׂיחָה:

יד   אֱלֹהִים בַּקֹּדֶשׁ דַּרְכֶּךָ, מִי אֵל גָּדוֹל כֵּאלֹהִים:

טו   אַתָּה הָאֵל עֹשֵׂה פֶלֶא, הוֹדַעְתָּ בָעַמִּים עֻזֶּךָ:

טז   גָּאַלְתָּ בִּזְרוֹעַ עַמֶּךָ, בְּנֵי יַעֲקֹב וְיוֹסֵף סֶלָה:

יז   רָאוּךָ מַּיִם אֱלֹהִים, רָאוּךָ מַּיִם, יָחִילוּ, אַף יִרְגְּזוּ תְּהֹמוֹת:

יח   זֹרְמוּ מַיִם עָבוֹת, קוֹל נָתְנוּ שְׁחָקִים, אַף חֲצָצֶיךָ יִתְהַלָּכוּ:

4)   Ezkerá Elohím veehemáia, asíja vetit-attéf rují séla.
5)   Ajázta shemurót enáy, nif-ámti veló adabbér.
6)   jishábti iamím mikkédem, shenót olamím.
7)   Ezkerá neguinatí baláila im-lebabí asíja, vaijappés rují.
8)   Hal-olamím iznáj, Adonay, veló-iosíf lirtzót ód.
9)   Heafés lanétzaj jasddó, gámar ómer ledór vadór.
10)   Hashajáj jannót El, im-kafátz beáf rajamáv séla.
11)   Vaomár jalóti hí, shenót iemín El-ión.
12)   Ezkór máal-le-Iáh, kí-ezkerá mikkédem pil-éja.

19   La voz de Tu trueno cual torbellino, los relámpagos alumbraron al mundo, la tierra se estremeció y se sacudió.

20   En el mar abriste Tu camino (para Tu pueblo,) y Tus sendas en las poderosas aguas. Y Tus huellas no se notaron.

21   Guiaste como rebaño a Tu pueblo por mano de Moshé y Aarón.

90

1   Plegaria de Moshé, hombre de Dios. Dios, Tú fuiste nuestro Refugio en toda generación.

2   Antes de que surgieran las montañas, y (antes) de que Tú crearas la tierra y el mundo; para siempre, Tú eres el Todo-Poderoso.

3   Reduces al hombre a polvo y dices: "Arrepiéntanse, hijos del hombre."

4   Pues mil años son ante Tus ojos como el día de ayer, que ya pasó, y como una vigilia de la noche.

5   Sus vidas son como las corrientes de aguas; como un sueño; por la mañana son como hierba que vuelve a brotar:

6   por la mañana florece y brota nuevamente, y por la tarde se marchita y se seca.

7   Pues en Tu ira somos consumidos y en Tu enojo somos destruidos.

8   Pusiste nuestras iniquidades delante de Ti, nuestros pecados ocultos ante la luz de Tu rostro.

9   Pues todos nuestros días van pasando en Tu ira; nuestros años transcurren como un suspiro.

10   Los años de nuestra vida son setenta, y con mayor vigor ochenta; y el poder (del hombre) en ellos es sólo esfuerzo y sufrimiento, pues pasan rápido y se van como en vuelo.

---

5)   Zeramtám shená ih-iú, babbóker kejatzír iajalóf.

6)   Babbóker iatzítz vejaláf, laéreb iemolél veiabésh.

7)   Kí-jalínu beappéja, ubajamatejá nib-hálnu.

8)   Shattá avonoténu lenegddéja, aluménu lim-ór panéja.

9)   Kí jol-iaménu panú beebratéja, kilínu shanénu jémo-hégue.

10)   Iemé-shenoténu bahém shib-ím shaná, veím bigburót hemoním shaná verohbbám amál vaáven, kí-gáz jísh vannaúfa.

יט קוֹל רַעַמְךָ בַּגַּלְגַּל, הֵאִירוּ בְרָקִים תֵּבֵל, רָגְזָה וַתִּרְעַשׁ הָאָרֶץ:

כ בַּיָּם דַּרְכֶּךָ וּשְׁבִילְךָ בְּמַיִם רַבִּים, וְעִקְּבוֹתֶיךָ לֹא נֹדָעוּ:

כא נָחִיתָ כַצֹּאן עַמֶּךָ, בְּיַד מֹשֶׁה וְאַהֲרֹן:

צ

א תְּפִלָּה לְמֹשֶׁה אִישׁ הָאֱלֹהִים, אֲדֹנָי, מָעוֹן אַתָּה הָיִיתָ לָּנוּ בְּדֹר וָדֹר:

ב בְּטֶרֶם הָרִים יֻלָּדוּ, וַתְּחוֹלֵל אֶרֶץ וְתֵבֵל, וּמֵעוֹלָם עַד עוֹלָם, אַתָּה אֵל:

ג תָּשֵׁב אֱנוֹשׁ עַד דַּכָּא, וַתֹּאמֶר שׁוּבוּ בְנֵי אָדָם:

ד כִּי אֶלֶף שָׁנִים בְּעֵינֶיךָ כְּיוֹם אֶתְמוֹל כִּי יַעֲבֹר, וְאַשְׁמוּרָה בַלָּיְלָה:

ה זְרַמְתָּם, שֵׁנָה יִהְיוּ, בַּבֹּקֶר כֶּחָצִיר יַחֲלֹף:

ו בַּבֹּקֶר יָצִיץ וְחָלָף, לָעֶרֶב יְמוֹלֵל וְיָבֵשׁ:

ז כִּי כָלִינוּ בְאַפֶּךָ, וּבַחֲמָתְךָ נִבְהָלְנוּ:

ח שַׁתָּה עֲוֹנֹתֵינוּ לְנֶגְדֶּךָ, עֲלֻמֵנוּ, לִמְאוֹר פָּנֶיךָ:

ט כִּי כָל יָמֵינוּ פָּנוּ בְעֶבְרָתֶךָ, כִּלִּינוּ שָׁנֵינוּ כְמוֹ הֶגֶה:

י יְמֵי שְׁנוֹתֵינוּ בָהֶם שִׁבְעִים שָׁנָה, וְאִם בִּגְבוּרֹת שְׁמוֹנִים שָׁנָה, וְרָהְבָּם עָמָל וָאָוֶן, כִּי גָז חִישׁ וַנָּעֻפָה:

19) Kól raamjá baggalgál heíru berakím tebél, raguezá vatir-ásh haáretz.
20) Baiám darkéja ushbileá bemáim rabbím, veikkebotéja ló nodáu.
21) Najíta jatzón amméja, béiad-Moshé veAharón.

Salmo 90
1) Tefilá leMoshé ísh-haElohím, Adonay maón attá haíta lánu bedór vadór.
2) Betérem harím iuládu vatejólél éretz vetebél, umeolám ad-olám attá Él.
3) Tashéb enósh ad-dakká, vattómer shúbu bené-adám.
4) Kí élef shaním beenéja keióm etmól kí iaabór, veashmurá baláila.

11   ¿Quién puede conocer la intensidad de Tu ira? De acuerdo con el temor a Ti, así es Tu ira.

12   Enséñanos, pues, a contar nuestros días, y lograremos un corazón sabio.

13   Retorna, Dios, ¿hasta cuándo? Apiádate de Tus servidores.

14   Sácianos cada mañana de Tu misericordia y cantaremos y nos alegraremos todos nuestros días.

15   Alégranos de acuerdo con los días que nos afligiste, por los años que vimos el mal.

16   ¡Que Tu obra sea revelada a Tus servidores y sobre los hijos de ellos repose Tu esplendor!

17   Que el deleite de Dios, nuestro Dios, esté sobre nosotros. Que (Él) haga prosperar la obra de nuestras manos, que el trabajo de nuestras manos prospere.

105

1   Alaben a Dios, proclamen Su Nombre, hagan conocer Sus hazañas entre los pueblos.

2   Cántenle a Él, entonen alabanzas a Él, hablen de todas Sus maravillas

3   Glorifíquense en Su santo Nombre, que se alegre el corazón de los que buscan a Dios.

4   ¡Procuren a Dios y Su poder, procuren siempre Su Presencia!

5   ¡Recuerden las maravillas que Él hizo, Sus prodigios y los pronunciamientos de Su boca.

6   (Recuerden todo eso) simiente de Abraham, Su servidor; hijos de Iaacov, escogidos Suyos!

7   Él es Dios, nuestro Dios; sobre toda la tierra están Sus juicios.

---

3)   Hit-halelú beshém kodshó, ismáj léb mebakshé Adonay.

4)   Dirshú Adonay veuzzó, bakkeshú fanáv tamíd.

5)   Zijrú nifleotáv ashér asá, mofetáv umishpéte-fív.

6)   Zéra Abrahám abddó, bené Iaacób bejiráv.

7)   Hú Adonay Elohénu, bejól-haáretz míshpatáv.

יא מִי יוֹדֵעַ עֹז אַפֶּֽךָ, וּכְיִרְאָתְךָ עֶבְרָתֶֽךָ:

יב לִמְנוֹת יָמֵֽינוּ כֵּן הוֹדַע, וְנָבִיא לְבַב חָכְמָה:

יג שׁוּבָה יְיָ עַד מָתָי, וְהִנָּחֵם עַל עֲבָדֶֽיךָ:

יד שַׂבְּעֵֽנוּ בַבֹּֽקֶר חַסְדֶּֽךָ, וּנְרַנְּנָה וְנִשְׂמְחָה בְּכָל יָמֵֽינוּ:

טו שַׂמְּחֵֽנוּ כִּימוֹת עִנִּיתָֽנוּ, שְׁנוֹת רָאִֽינוּ רָעָה:

טז יֵרָאֶה אֶל עֲבָדֶֽיךָ פָעֳלֶֽךָ, וַהֲדָרְךָ עַל בְּנֵיהֶם:

יז וִיהִי נֹֽעַם אֲדֹנָי אֱלֹהֵֽינוּ עָלֵֽינוּ, וּמַעֲשֵׂה יָדֵֽינוּ כּוֹנְנָה עָלֵֽינוּ, וּמַעֲשֵׂה יָדֵֽינוּ כּוֹנְנֵֽהוּ:

קה

א הוֹדוּ לַיְיָ קִרְאוּ בִשְׁמוֹ הוֹדִֽיעוּ בָעַמִּים עֲלִילוֹתָיו:

ב שִֽׁירוּ לוֹ זַמְּרוּ לוֹ שִֽׂיחוּ בְּכָל נִפְלְאוֹתָיו:

ג הִתְהַלְלוּ בְּשֵׁם קָדְשׁוֹ, יִשְׂמַח לֵב מְבַקְשֵׁי יְיָ:

ד דִּרְשׁוּ יְיָ וְעֻזּוֹ, בַּקְּשׁוּ פָנָיו תָּמִיד:

ה זִכְרוּ נִפְלְאוֹתָיו, אֲשֶׁר עָשָׂה, מֹפְתָיו וּמִשְׁפְּטֵי פִיו:

ו זֶֽרַע אַבְרָהָם עַבְדּוֹ, בְּנֵי יַעֲקֹב בְּחִירָיו:

ז הוּא יְיָ אֱלֹהֵֽינוּ, בְּכָל הָאָֽרֶץ מִשְׁפָּטָיו:

11) Mí-iodéa óz appéja, uj-ir-atejá ebratéja.
12) Limnót iaménu kén hodá, venabí lebáb jojmá.
13) Shubá Adonay ad-matáy, vehinnajém al-abadéja.
14) Sabbeénu babbóker jasddéja, unrannená venismejá bejól-iaménu.
15) Sammejénu kimót innitánu shenót raínu raá.
16) Ieraé el-abadéja faoléja vahadarejá al-benehém.
17) Vihí nóam Adonay Elohénu alénu, umaasé iadénu konená alénu, umaasé iadénu konenéhu.

Salmo 105
1) Hodú lAdonay kir-ú bishmó, hodíu baammím alilotáv.
2) Shíru lo, zámeru lo, síju bejól nifleotáv.

8 Recuerda por siempre Su pacto, la Palabra que Él ordenó a miles de generaciones;

9 (pacto) que hizo con Abraham y Su juramento a Itzjak.

10 Él lo estableció para Iaacov como estatuto y para Israel como pacto eterno.

11 Dijo Él: "A Ti te daré la tierra de Canaan, la parte de la herencia de ustedes",

12 cuando ellos eran apenas un pequeño número y extraños en ella.

13 Deambularon de nación en nación, de un reino a otro pueblo,

14 (pero Él) no permitió que hombre alguno les dañara y en consideración a ellos advirtió a reyes, (diciendo:)

15 "¡No toquen a Mis ungidos y a Mis profetas no dañen!".

16 Cuando Él decretó hambre sobre la tierra, destruyó toda fuente de pan;

17 antes de que descendieran envió (a Egipto) un hombre, Iosef, que fue vendido como esclavo.

18 Sujetaron sus pies con grillos, su alma fue encadenada con hierros.

19 Hasta el momento de materializarse Su Palabra, el decreto de Dios lo purificó.

20 El faraón, gobernador de pueblos, ordenó liberarlo y le dejó ir libre.

21 Lo designó amo de su palacio y apoderado de toda su hacienda,

22 para encarcelar a sus príncipes a su voluntad y transmitir sabiduría a sus ancianos.

23 Así Israel vino a Egipto y Iaacov habitó en la tierra de Jam.

24 Y (Dios) hizo fructificar mucho a Su Pueblo y lo hizo más poderoso que sus opresores.

---

21) Samó adón lebetó, umoshél bejól-kin-ianó.
22) Lesór saráv benafshó, uzkenáv iejakkém.
23) Vaiabó Israél Mitzráim, velaacób gár beéretz-Jám.
24) Vaiéfer et-ammó meód, vaiáatziméhu mitzaráv.

ח זָכַר לְעוֹלָם בְּרִיתוֹ, דָּבָר צִוָּה, לְאֶלֶף דּוֹר:

ט אֲשֶׁר כָּרַת אֶת אַבְרָהָם וּשְׁבוּעָתוֹ לְיִשְׂחָק:

י וַיַּעֲמִידֶהָ לְיַעֲקֹב לְחֹק, לְיִשְׂרָאֵל בְּרִית עוֹלָם:

יא לֵאמֹר, לְךָ אֶתֵּן אֶת אֶרֶץ כְּנָעַן, חֶבֶל נַחֲלַתְכֶם:

יב בִּהְיוֹתָם מְתֵי מִסְפָּר, כִּמְעַט וְגָרִים בָּהּ:

יג וַיִּתְהַלְּכוּ מִגּוֹי אֶל גּוֹי, מִמַּמְלָכָה אֶל עַם אַחֵר:

יד לֹא הִנִּיחַ אָדָם לְעָשְׁקָם, וַיּוֹכַח עֲלֵיהֶם מְלָכִים:

טו אַל תִּגְּעוּ בִמְשִׁיחָי, וְלִנְבִיאַי אַל תָּרֵעוּ:

טז וַיִּקְרָא רָעָב עַל הָאָרֶץ, כָּל מַטֵּה לֶחֶם, שָׁבָר:

יז שָׁלַח לִפְנֵיהֶם אִישׁ, לְעֶבֶד נִמְכַּר יוֹסֵף:

יח עִנּוּ בַכֶּבֶל רַגְלוֹ, בַּרְזֶל בָּאָה נַפְשׁוֹ:

יט עַד עֵת בֹּא דְבָרוֹ, אִמְרַת יְיָ צְרָפָתְהוּ:

כ שָׁלַח מֶלֶךְ וַיַּתִּירֵהוּ, מֹשֵׁל עַמִּים וַיְפַתְּחֵהוּ:

כא שָׂמוֹ אָדוֹן לְבֵיתוֹ, וּמֹשֵׁל בְּכָל קִנְיָנוֹ:

כב לֶאְסֹר שָׂרָיו בְּנַפְשׁוֹ, וּזְקֵנָיו יְחַכֵּם:

כג וַיָּבֹא יִשְׂרָאֵל מִצְרָיִם, וְיַעֲקֹב גָּר בְּאֶרֶץ חָם:

כד וַיֶּפֶר אֶת עַמּוֹ מְאֹד, וַיַּעֲצִמֵהוּ מִצָּרָיו:

8) Zajár leolám beritó, dabár tzivvá leélef dór.
9) Ashér karát ét-Abrahám, ushbuató leIsják.
10) Vaiáamidéha leIaacób lejók, leIsrael berít olám.
11) Lemór lejá ettén ét-éretz Kenáan, jébel najalatjém.
12) Bih-iotám meté mispár, kim-át vegarím báh.
13) Vait-halejú miggóy el-góy, mimmamlajá el-ám ajér.
14) Ló-hinníaj adám leoshkám, vaiójaj alehém melajím.
15) Ál-tigueú bimshijáy, velinbiáy ál-taréu.
16) Vaikrá raáb al-haáretz, kól-mátte-léjem shabár.
17) Shaláj lifnehém ísh, leébed nimkár Ioséf.
18) Innú bakébel ragló, barzél báa nafshó.
19) Ád-ét bó-debaró, imrát Adonay tzerafáthu.
20) Shálaj mélej vaiattiréhu, moshél ammím vaifattejéhu.

25   (Entonces) Él hizo que el corazón de ellos odiase a Su pueblo y tramasen contra Sus servidores.

26   Envió a Moshé, servidor Suyo, y a Aarón, a quien Él escogiera,

27   e hicieron ante ellos los prodigios de Sus señales y maravillas en la tierra de Jam.

28   Envió tinieblas que oscurecieron (todo) y ellas no se rebelaron contra Su palabra.

29   Transformó sus aguas en sangre y mató sus peces,

30   la tierra de ellos produjo ranas en profusión (que llegaron incluso) a las cámaras de sus reyes.

31   En acatamiento a Su orden llegaron hordas de animales salvajes y piojos dentro de sus fronteras.

32   Convirtió la lluvia de ellos en granizo, y llamas de fuego en su tierra.

33   Golpeó sus vides y sus higueras y quebró los árboles dentro de sus fronteras.

34   (Él) ordenó que vinieran un sinnúmero de langostas y saltamontes.

35   Y devoraron toda la hierba de su tierra y el fruto de sus campos.

36   Y golpeó a todos los primogénitos en su tierra, las primicias de su vigor.

37   Y sacó (a Israel) con plata y oro sin que hubiera débil alguno en sus tribus.

38   Egipto se alegró con la partida, pues el temor por Israel se apoderó de ellos.

39   Extendió una nube para protegerlos y fuego para iluminar en la noche.

40   Ellos pidieron y Él hizo venir la codorniz y con el pan del cielo los sació.

41   Él abrió una roca y manaron las aguas, que corrieron como un río por el desierto.

---

39) Parás anán lemasáj, veésh leharír láila.
40) Shaál vaiabé seláv, veléjem shamáim iasbbiém.
41) Pátaj tzúr vaiazúbu máim, halejú batzi-iót nahár.

כה הָפַךְ לִבָּם לִשְׂנֹא עַמּוֹ לְהִתְנַכֵּל בַּעֲבָדָיו:

כו שָׁלַח מֹשֶׁה עַבְדּוֹ, אַהֲרֹן אֲשֶׁר בָּחַר בּוֹ:

כז שָׂמוּ בָם דִּבְרֵי אֹתוֹתָיו, וּמֹפְתִים בְּאֶרֶץ חָם:

כח שָׁלַח חֹשֶׁךְ וַיַּחְשִׁךְ, וְלֹא מָרוּ אֶת דְּבָרוֹ:

כט הָפַךְ אֶת מֵימֵיהֶם לְדָם, וַיָּמֶת אֶת דְּגָתָם:

ל שָׁרַץ אַרְצָם צְפַרְדְּעִים, בְּחַדְרֵי מַלְכֵיהֶם:

לא אָמַר, וַיָּבֹא עָרֹב, כִּנִּים, בְּכָל גְּבוּלָם:

לב נָתַן גִּשְׁמֵיהֶם בָּרָד, אֵשׁ לֶהָבוֹת בְּאַרְצָם:

לג וַיַּךְ גַּפְנָם וּתְאֵנָתָם, וַיְשַׁבֵּר עֵץ גְּבוּלָם:

לד אָמַר וַיָּבֹא אַרְבֶּה, וְיֶלֶק, וְאֵין מִסְפָּר:

לה וַיֹּאכַל כָּל עֵשֶׂב בְּאַרְצָם, וַיֹּאכַל פְּרִי אַדְמָתָם:

לו וַיַּךְ כָּל בְּכוֹר בְּאַרְצָם, רֵאשִׁית לְכָל אוֹנָם:

לז וַיּוֹצִיאֵם בְּכֶסֶף וְזָהָב וְאֵין בִּשְׁבָטָיו כּוֹשֵׁל:

לח שָׂמַח מִצְרַיִם בְּצֵאתָם, כִּי נָפַל פַּחְדָּם עֲלֵיהֶם:

לט פָּרַשׂ עָנָן לְמָסָךְ, וְאֵשׁ לְהָאִיר לָיְלָה:

מ שָׁאַל וַיָּבֵא שְׂלָו וְלֶחֶם שָׁמַיִם יַשְׂבִּיעֵם:

מא פָּתַח צוּר, וַיָּזוּבוּ מָיִם, הָלְכוּ בַּצִּיּוֹת נָהָר:

25) Hafáj libbám lisnó ammó, lehitnakkél báabadáv.
26) Shaláj Moshé abddó, Aharón ashér bájar-bó.
27) Sámu bám dibré ótotáv, umofetím beéretz Jám.
28) Shálaj jóshej vaiájashíj, veló marú ét-debaró.
29) Hafáj ét-mémehém ledám, vaiámet et-degatám.
30) Sharátz artzám tzefardeím, bejadré maljehém.
31) Amár vaiabó arób, kinním bejól-guebulám.
32) Natán guishmehém barád, ésh lehabót beartzám.
33) Vaiáj gafnám ut-énatám, vaishabbér étz guebulám.
34) Amár vaiabó arbbé veiélek veén mispár.
35) Vaiójal kól-éseb beartzám, vaiójal perí admatám.
36) Vaiáj kól-bejór beartzám, reshít lejól-onám.
37) Vaiótziém bejésef vezaháb, veén bishbatáv koshél.
38) Samáj Mitzráim betzetám, kí-nafál pajddám alehém.

42   Pues tuvo presente Su sagrada promesa a Abraham, Su servidor:

43   Sacó a Su pueblo con alegría, con cantos de alegría a Sus elegidos.

44   Les dio las tierras de las naciones y tomaron posesión del esfuerzo de los pueblos.

45   Para que pudiesen preservar Sus estatutos y observar Sus enseñanzas. Haleluiá.

137

1   Junto a los ríos de Bavel, allí nos sentamos y también lloramos acordándonos de Sión.

2   Sobre los sauces en medio de ella colgamos nuestras arpas,

3   pues allí nuestros captores nos pedían canciones y nuestros opresores nos pedían música alegre: "¡Canten para nosotros una de las canciones de Sión!".

4   Pero ¿cómo podemos cantar la canción de Dios en suelo extraño?

5   ¡Si me olvidase de ti, Ierushaláim, que mi mano derecha olvide su habilidad!

6   ¡Que mi lengua se pegue a mi paladar si no te recordara, si no recordase a Ierusháláim en mi regocijo!

7   Acuérdate Dios (contra) los edomitas el día de (la destrucción de) Ierushaláim, cuando dijeron: "¡Arrásenla, arrásenla, hasta los cimientos!".

8   ¡Bavel, que has de ser arrasada, alabado aquél que te retribuya lo que hiciste con nosotros!

9   ¡Alabado aquél que tome y estrelle tus niños contra la peña!

4)   Éj nashír et-shír-Adonay, ál admát nejár.
5)   Ím-eshkajéj Ierushaláim, tishkkáj iemíní.
6)   Tidbbák leshoní lejikkí im-ló ezkeréji, im-ló áalé et-Ierushaláim ál rósh simjatí.
7)   Zejór Adonay libné Edóm ét íom Ierushaláim, haomerím áru, áru, ád haisód báh.
8)   Bát-Babél hashedudá ashré sheieshálem-láj, et-guemuléj shegamált lánu.
9)   Ashré sheiojéz venipétz et-olaláij el-hassála.

מב כִּי זָכַר אֶת דְּבַר קָדְשׁוֹ, אֶת אַבְרָהָם עַבְדּוֹ:

מג וַיּוֹצֵא עַמּוֹ בְשָׂשׂוֹן, בְּרִנָּה אֶת בְּחִירָיו:

מד וַיִּתֵּן לָהֶם אַרְצוֹת גּוֹיִם, וַעֲמַל לְאֻמִּים יִירָשׁוּ:

מה בַּעֲבוּר יִשְׁמְרוּ חֻקָּיו, וְתוֹרֹתָיו יִנְצֹרוּ, הַלְלוּיָהּ:

קלז

א עַל נַהֲרוֹת בָּבֶל שָׁם יָשַׁבְנוּ, גַּם בָּכִינוּ בְּזָכְרֵנוּ אֶת צִיּוֹן:

ב עַל עֲרָבִים בְּתוֹכָהּ תָּלִינוּ כִּנֹּרוֹתֵינוּ:

ג כִּי שָׁם, שְׁאֵלוּנוּ שׁוֹבֵינוּ דִּבְרֵי שִׁיר, וְתוֹלָלֵינוּ שִׂמְחָה, שִׁירוּ לָנוּ מִשִּׁיר צִיּוֹן:

ד אֵיךְ נָשִׁיר אֶת שִׁיר יְיָ, עַל אַדְמַת נֵכָר:

ה אִם אֶשְׁכָּחֵךְ יְרוּשָׁלָיִם תִּשְׁכַּח יְמִינִי:

ו תִּדְבַּק לְשׁוֹנִי לְחִכִּי, אִם לֹא אֶזְכְּרֵכִי, אִם לֹא אַעֲלֶה אֶת יְרוּשָׁלַיִם עַל רֹאשׁ שִׂמְחָתִי:

ז זְכֹר יְיָ לִבְנֵי אֱדוֹם אֵת יוֹם יְרוּשָׁלָיִם, הָאוֹמְרִים עָרוּ עָרוּ עַד הַיְסוֹד בָּהּ:

ח בַּת בָּבֶל הַשְּׁדוּדָה אַשְׁרֵי שֶׁיְשַׁלֶּם לָךְ אֶת גְּמוּלֵךְ שֶׁגָּמַלְתְּ לָנוּ:

ט אַשְׁרֵי, שֶׁיֹּאחֵז וְנִפֵּץ אֶת עֹלָלַיִךְ אֶל הַסָּלַע:

---

42) Kí-zajár et-debár kodshó, et-Abrahám abddó.

43) Vaiotzí ammó besasón, berinná et-bejiráv.

44) Vaittén lahém artzót goím, vaamál leummím iráshu.

45) Baabúr ishmerú jukkáv vetorotáv intzóru, haleluIáh.

Salmo 137

1) Ál-naharót Babél shám iashábnu gám-bajínu, bezojrénu et-Tzi-ión.

2) Ál-arabím betojáh, talínu kinnóroténu.

3) Kí shám sheelúnu shobénu díbre-shír vetolalénu simjá, shíru lánu mishír Tzi-ión.

150

1   ¡Haleluiá!, ¡Alaben a Dios en Su Santuario! ¡Alábenle en el firmamento de Su poder!

2   ¡Alábenle por Sus prodigios! ¡Alábenle conforme con Su abundante grandeza!

3   ¡Alábenle al son del shofar! ¡Alábenle con nabla y lira!

4   ¡Alábenle con panderetas y danzas! ¡Alábenle con órgano y flauta!

5   ¡Alábenle con platillos resonantes! ¡Alábenle con trompetas altisonantes!

6   ¡Que toda alma alabe a Dios! ¡Haleluiá!

Luego de terminar los salmos se dice:

¡Si la salvación de Israel viniera de Sión! Cuando Dios haga retornar a los cautivos de Su pueblo. Iaacov se regocijará; Israel se alegrará. Él es su fortaleza en momentos de aflicción. La salvación de los rectos es de Dios; Él es su fortaleza en momentos de aflicción. Dios los ayudará y los rescatará. Él los rescatará del malvado y los salvará, porque ellos han confiado en Él.

Luego de terminar los salmos se dice:

Mi itén miTzión ieshuat Israel beshuv Adonai shvut amó, iaguel Iaacov ismaj Israel. Uteshuat Tzadikim meAdonai, mauzam beet zará. Vaiazrem Adonai vaiefaltem, iefaltem mershaim veioshiem ki jasú vo.

קנ

א הַלְלוּיָהּ, הַלְלוּ אֵל, בְּקׇדְשׁוֹ, הַלְלוּהוּ בִּרְקִיעַ עֻזּוֹ:

ב הַלְלוּהוּ בִּגְבוּרֹתָיו, הַלְלוּהוּ כְּרֹב גֻּדְלוֹ:

ג הַלְלוּהוּ בְּתֵקַע שׁוֹפָר הַלְלוּהוּ בְּנֵבֶל וְכִנּוֹר:

ד הַלְלוּהוּ בְּתֹף וּמָחוֹל הַלְלוּהוּ בְּמִנִּים וְעֻגָב:

ה הַלְלוּהוּ בְּצִלְצְלֵי שָׁמַע, הַלְלוּהוּ בְּצִלְצְלֵי תְרוּעָה:

ו כֹּל הַנְּשָׁמָה, תְּהַלֵּל יָהּ, הַלְלוּיָהּ:

אחר שסיים העשרה מזמורים יאמר שלושה פסוקים אלו:

מִי יִתֵּן מִצִּיּוֹן יְשׁוּעַת יִשְׂרָאֵל בְּשׁוּב יְיָ שְׁבוּת עַמּוֹ יָגֵל יַעֲקֹב יִשְׂמַח יִשְׂרָאֵל: וּתְשׁוּעַת צַדִּיקִים מֵיְיָ מָעוּזָּם בְּעֵת צָרָה: וַיַּעְזְרֵם יְיָ וַיְפַלְּטֵם, יְפַלְּטֵם מֵרְשָׁעִים, וְיוֹשִׁיעֵם כִּי חָסוּ בוֹ:

Salmo 150

1) HaleluIáh, hálelu-Él bekodshó, halelúhu birkía uzzó.
2) Halelúhu bigburotáv, halelúhu kerób gudló.
3) Halelúhu betéka shofár, halelúhu benébel vejinnór.
4) Halelúhu betóf umajól, halelúhu beminním veugáb.
5) Halelúhu betzíltzele-sháma, halelúhu betziltzelé teruá.
6) Kól hanneshamá tehalél Iáh, HaleluIáh.

Luego de recitar el Tikún HaKlalí es bueno decir
la siguiente plegaria del Likutey Tefilot:

«Cantaré a Dios con mi vida; haré música para mi Dios mientras yo exista. Que las palabras de mi plegaria sean dulces para Él, yo me regocijaré en Dios».

«Agradezcan a Dios con arpa, y melodías con la lira de diez cuerdas».

«Dios, permíteme cantar una nueva canción para Ti».

«Cantaré para Ti con instrumento de diez cuerdas, con el arpa de diez cuerdas; dulce melodía con la lira. Porque Tú me has hecho regocijar, oh Dios, con Tus acciones. Cantaré de alegría por las obras de Tus manos».

Señor del Universo. Amo de todo. Creador de todas las almas. Señor de todo lo que existe. Dios que elige la música y la canción:

¡Oh Dios, Ayúdame!

Tu amor es desbordante, Tu generosidad nunca cesa. Hazme digno de despertar las diez clases de canciones con las cuales fue compuesto el Libro de los Salmos; hazme digno de ver reveladas estas clases de canciones.

Te ruego:

En el mérito de los diez salmos que he recitado delante de Ti, correspondientes a las diez clases de canciones, *Ashrei, Berajá, Maskil, Shir, Nitzuaj, Nigún, Tefilá, Hodá, Mizmor, Haleluiá.*

En el mérito de estos salmos, de sus versículos, de sus palabras, de sus letras, de sus vocales y de sus notas musicales.

En el mérito de los Santos Nombres conformados por las letras iniciales y finales de cada palabra.

En el mérito del rey David, que la paz sea sobre él, junto con los diez Tzadikim que compusieron el Libro de los Salmos.

En el mérito del Tzadik, cimiento del mundo, Rabí Najmán, el hijo de Feiga (que su mérito nos proteja), quien reveló que estos diez salmos tienen el poder de restaurar la pureza del Pacto, y quien ordenó que debíamos decirlos.

Y en el mérito de todos los verdaderos Tzadikim y de todos aquellos verdaderamente piadosos:

Apelo ante Ti, cuyo amor es desbordante: hazme digno de liberar las gotas de simiente que alguna vez han salido en vano de mí, así sea de manera no intencional o deliberada, accidental o voluntariamente... (*Si uno*

אַחַר אֲמִירַת עֲשֶׂרֶת פִּרְקֵי הַתְּהִלִּים טוֹב לוֹמַר תְּפִלָּה זוֹ,
יְסָדָהּ מוֹרֵנוּ רַ׳ נָתָן זֵכֶר צַדִּיק לִבְרָכָה:

אָשִׁירָה לַיְיָ בְּחַיָּי, אֲזַמְּרָה לֵאלֹהַי בְּעוֹדִי, יֶעֱרַב עָלָיו שִׂיחִי אָנֹכִי אֶשְׂמַח
בַּיְיָ: הוֹדוּ לַיְיָ בְּכִנּוֹר, בְּנֵבֶל עָשׂוֹר זַמְּרוּ לוֹ: אֱלֹהִים, שִׁיר חָדָשׁ אָשִׁירָה
לָּךְ בְּנֵבֶל עָשׂוֹר אֲזַמְּרָה לָּךְ: עֲלֵי עָשׂוֹר וַעֲלֵי נָבֶל, עֲלֵי הִגָּיוֹן בְּכִנּוֹר: כִּי
שִׂמַּחְתַּנִי יְיָ בְּפָעֳלֶךָ, בְּמַעֲשֵׂי יָדֶיךָ אֲרַנֵּן.

רִבּוֹנוֹ שֶׁל עוֹלָם, אֲדוֹן כֹּל, בּוֹרֵא כָּל הַנְּשָׁמוֹת, רִבּוֹן כָּל הַמַּעֲשִׂים, הַבּוֹחֵר
בְּשִׁירֵי זִמְרָה, עָזְרֵנִי וְחָנֵּנִי בְּרַחֲמֶיךָ הָרַבִּים וּבַחֲסָדֶיךָ הָעֲצוּמִים, שֶׁאֶזְכֶּה
לְעוֹרֵר וּלְהוֹצִיא וּלְגַלּוֹת כָּל הָעֲשָׂרָה מִינֵי נְגִינָה שֶׁנֶּאֱמַר בָּהֶם סֵפֶר תְּהִלִּים.
וּבִזְכוּת אֵלּוּ הָעֲשָׂרָה קַפִּיטְל תְּהִלִּים שֶׁאָמַרְתִּי לְפָנֶיךָ, שֶׁהֵם כְּנֶגֶד עֲשָׂרָה
מִינֵי נְגִינָה, שֶׁנֶּאֱמַר בָּהֶם סֵפֶר תְּהִלִּים, שֶׁהֵם: אַשְׁרֵי, בְּרָכָה, מַשְׂכִּיל,
שִׁיר, נִצּוּחַ, נִגּוּן, תְּפִלָּה, הוֹדָאָה, מִזְמוֹר, הַלְלוּיָהּ – בִּזְכוּת הַמִּזְמוֹרִים
וּבִזְכוּת הַפְּסוּקִים וּבִזְכוּת תֵּבוֹתֵיהֶם וְאוֹתִיּוֹתֵיהֶם וּנְקֻדּוֹתֵיהֶם וְטַעֲמֵיהֶם
וְהַשֵּׁמוֹת הַיּוֹצְאִים מֵהֶם מֵרָאשֵׁי תֵבוֹת וּמִסּוֹפֵי תֵבוֹת, וּבִזְכוּת דָּוִד הַמֶּלֶךְ,
עָלָיו הַשָּׁלוֹם, עִם כָּל הָעֲשָׂרָה צַדִּיקִים, שֶׁיִּסְּדוּ סֵפֶר תְּהִלִּים (וּבִזְכוּת
הַצַּדִּיק יְסוֹד עוֹלָם, נַחַל נוֹבֵעַ מְקוֹר חָכְמָה, רַבֵּנוּ נַחְמָן בֶּן פֵיגָא, זְכוּתוֹ
יָגֵן עָלֵינוּ, אֲשֶׁר גִּלָּה וְתִקֵּן לוֹמַר אֵלּוּ הָעֲשָׂרָה קַפִּיטְל תְּהִלִּים בִּשְׁבִיל תִּקּוּן
הַבְּרִית) וּבִזְכוּת כָּל הַצַּדִּיקִים וְהַחֲסִידִים הָאֲמִתִּיִּים, תְּזַכֵּנִי וּתְחָנֵּנִי, שֶׁאֶזְכֶּה
בְּרַחֲמֶיךָ הָרַבִּים לְהוֹצִיא כָּל הַטִּפּוֹת קֶרִי, שֶׁיָּצְאוּ מִמֶּנִּי לְבַטָּלָה, בֵּין בְּשׁוֹגֵג
בֵּין בְּמֵזִיד, בֵּין בְּאֹנֶס בֵּין בְּרָצוֹן, (אִם יֹאמַר חַס וְשָׁלוֹם בִּשְׁבִיל מִקְרֶה
שֶׁנִּזְדַּמֵּן לוֹ בְּאוֹתוֹ הַלַּיְלָה, יֹאמַר זֶה: וּבִפְרָט כָּל הַטִּפּוֹת שֶׁיָּצְאוּ מִמֶּנִּי
בַּלַּיְלָה זֹאת עַל־יְדֵי מִקְרֶה־לַיְלָה, שֶׁקָּרָה לִי בַּעֲוֹנוֹתַי הָרַבִּים) כֻּלָּם אֶזְכֶּה,
בְּרַחֲמֶיךָ הָרַבִּים וּבְחֶמְלָתְךָ הַגְּדוֹלָה וּבְכֹחֲךָ הַגָּדוֹל, לְהוֹצִיאָם מֵהַקְּלִפּוֹת
וּמֵהַסִּטְרִין אַחֲרָנִין, מִכָּל הַמְּקוֹמוֹת שֶׁנָּפְלוּ וְנִתְפַּזְּרוּ וְנָפוֹצוּ וְנִדְחוּ לְשָׁם,

ha experimentado una emisión la noche anterior, debe agregar: y permíteme liberar todas las gotas que han salido de mí la última noche, como resultado de la polución que me sucedió debido a mis muchos pecados).

Tú estás pleno de amor y de piedad. Tú posees abundante fortaleza y poder. Permíteme liberar estas gotas del poder de las klipot y de las fuerzas del mal, sea donde fuere que hayan caído, no importa cuán lejos hayan sido dispersadas. Que los expulsados no sean marginados de Ti. Quiebra, humilla, elimina, desarraiga, destruye y anula todas las klipot y las fuerzas y espíritu del mal que fueron creados, formados y traídos a la existencias por esas gotas que salieron en vano de mí. Quítales su fuerza vital. Sácales la vitalidad sagrada y las chispas de luz que han tragado.

Señor del Universo. Dios vivo y eterno. Vida de toda vida:

Oh Dios, Tú estás pleno de amor. Constantemente juzgas al mundo en la escala del mérito. Tu deseo es de amor. El poder de Tu bondad es inmenso.

Padre mío, padre mío. Quien ayuda y redime.

Yo sé, oh Dios, que yo mismo soy el culpable. Yo sé que he fallado. Porque incluso si la polución sucedió de manera no voluntaria, fue resultado de no haber cuidado mis pensamientos. Yo tuve pensamientos y fantasías durante el día, y es por esto que llegué a impurificarme durante la noche. Es por eso que hice el daño que hice, causando lo que causé y destruyendo lo que destruí. Mi alma. Mi pobre alma. Yo mismo me he infligido el mal.

¿Qué puedo decir? ¿Cómo puedo justificarlo? ¡Dios ha encontrado mi pecado! Aquí estoy frente a Ti, cargado de culpa, lleno de vergüenza y de turbación, pleno de suciedad, de inmundicias y de vil impureza. No hay palabras para la indecible lástima de mi situación. Es muy malo. Amargo. La herida llega hasta el alma misma. Cuán grande es mi amargura, ¡Padre en el cielo! ¡Cuán grande es mi tormento, Señor de todos los mundos! Contempla mi suspirar y mi gemido. Pues mi alma está muy amargada. No sé cómo puedo vivir debido a la terrible aflicción de mi alma, que se eleva hasta las alturas de los cielos. Estoy asqueado de mi vida. ¿Qué sentido tiene una vida como ésta? Oh, alma mía, has bebido y vaciado la copa del dolor.

וְאַל יִדַּח מִמְּךָ נִדָּח. וְתַכְנִיעַ וּתְשַׁבֵּר וְתַהֲרֹג וְתַעֲקֹר וּתְכַלֶּה וּתְבַטֵּל כָּל הַקְּלִפּוֹת וְכָל הָרוּחִין וְשֵׁדִין וְלִילִין, שֶׁנַּעֲשׂוּ וְנִבְרְאוּ וְנוֹצְרוּ עַל־יְדֵי אֵלּוּ הַטִּפּוֹת, שֶׁיָּצְאוּ מִמֶּנִּי לְבַטָּלָה, וְתָסִיר מֵהֶם חִיּוּתָם, וְתוֹצִיא וְתִגְזֹל מֵהֶם הַחִיּוּת דִּקְדֻשָּׁה, וְכָל הַנִּיצוֹצוֹת הַקְּדוֹשִׁים שֶׁבָּלְעוּ:

רִבּוֹנוֹ שֶׁל עוֹלָם! אֵל חַי וְקַיָּם, חַי הַחַיִּים, מָלֵא רַחֲמִים, הַדָּן אֶת כָּל הָעוֹלָם לְכַף זְכוּת תָּמִיד, הֶחָפֵץ חֶסֶד וּמַרְבֶּה לְהֵיטִיב. אָבִי אָבִי, גּוֹאֲלִי וּפוֹדִי. יָדַעְתִּי יְיָ יָדַעְתִּי, כִּי אֲנִי בְּעַצְמִי הַחַיָּב וְהַפּוֹשֵׁעַ אֲפִלּוּ בְּהַמִּקְרוֹת שֶׁנִּזְדַּמְּנוּ לִי בְּשׁוֹגֵג, כִּי לֹא שָׁמַרְתִּי אֶת הַמַּחֲשָׁבָה כְּלָל וְהִרְהַרְתִּי בַּיּוֹם, עַד שֶׁבָּאתִי לִידֵי טֻמְאָה בַּלַּיְלָה, וְעַל־יְדֵי זֶה קִלְקַלְתִּי מַה שֶּׁקִּלְקַלְתִּי, וְגָרַמְתִּי מַה שֶּׁגָּרַמְתִּי, וְשִׁחַתְתִּי מַה שֶּׁשִּׁחַתְתִּי. אוֹי אוֹי אוֹי, אוֹיָה עַל נַפְשִׁי, אוֹי לְנַפְשִׁי, כִּי גָמַלְתִּי לִי רָעָה.

מָה אֹמַר, מָה אֲדַבֵּר, מָה אֶצְטַדָּק. מָה אֹמַר, מָה אֲדַבֵּר, מָה אֶצְטַדָּק. הָאֱלֹהִים מָצָא אֶת עֲוֹנִי. הִנְנִי לְפָנֶיךָ בְּאַשְׁמָה רַבָּה, הִנְנִי לְפָנֶיךָ מָלֵא בּוּשָׁה וּכְלִמָּה, מָלֵא טְנוּפִים וְלִכְלוּכִים, מָלֵא תּוֹעֵבוֹת רָעוֹת, וְאֵין שׁוּם לָשׁוֹן בָּעוֹלָם שֶׁאוּכַל לְכַנּוֹת בּוֹ עֹצֶם הָרַחְמָנוּת שֶׁיֵּשׁ עָלַי, כִּי רַע וָמָר, כִּי נָגַע עַד הַנֶּפֶשׁ, מַר לִי מְאֹד, אָבִי שֶׁבַּשָּׁמַיִם; מַר לִי מְאֹד, רִבּוֹן כָּל הָעוֹלָמִים. רְאֵה אַנְחָתִי וְאֶנְקָתִי, כִּי נַפְשִׁי מָרָה לִי מְאֹד, עַד אֲשֶׁר אֵינִי יוֹדֵעַ אֵיךְ אֲנִי יָכוֹל לִחְיוֹת מֵעֹצֶם מְרִירוּת נַפְשִׁי, אֲשֶׁר עַד גָּבְהֵי שָׁמַיִם יַגִּיעַ, כִּי קַצְתִּי בְחַיַּי, לָמָּה לִי חַיִּים כָּאֵלֶּה, חַיִּים מָרִים וּמְרוֹרִים מִמָּוֶת, אֶת קֻבַּעַת כּוֹס הַתַּרְעֵלָה שָׁתִיתִי, מָצִיתִי, נַפְשִׁי.

רִבּוֹנוֹ שֶׁל עוֹלָם! אַתָּה לְבַד יָדַעְתָּ רִבּוּי וְעֹצֶם הַפְּגָמִים הַגְּדוֹלִים, הָעֲצוּמִים וְהַנּוֹרָאִים, שֶׁנַּעֲשִׂים עַל־יְדֵי־זֶה בְּכָל הָעוֹלָמוֹת, וְעַתָּה אֵיךְ אוּכַל לְתַקֵּן זֹאת וּבַמֶּה יִזְכֶּה נַעַר כָּמוֹנִי לְתַקֵּן אֶת אֲשֶׁר שִׁחַתְתִּי, אַךְ אַף־עַל־פִּי־כֵן יָדַעְתִּי, וַאֲנִי מַאֲמִין בֶּאֱמוּנָה שְׁלֵמָה, כִּי אֵין שׁוּם יֵאוּשׁ בָּעוֹלָם כְּלָל. וַעֲדַיִן

Señor del Universo, Tú solo conoces el verdadero grado del daño que ha sido hecho en todos los mundos debido a esto. ¿Cómo puedo repararlo? ¿Cómo puede una persona simple como yo expiar por lo que he arruinado?

Pero aun así, yo sé y creo con una fe perfecta que no existe en el mundo la pérdida de la esperanza, de modo que aún tengo esperanzas. No he perdido mi fe en Dios, porque el amor de Dios nunca se acabará, ni se agotará Su piedad.

Oh Señor mi Dios y Dios de mis padres. Dios de Abraham, Dios de Itzjak, Dios de Iaacov. Dios de todos los verdaderos Tzadikim y de los realmente piadosos. Dios de todo Israel, Dios del primero y del último - he venido delante de Ti para pedirte que tengas piedad de mí. Hazme andar en Tus estatutos y guardar Tus leyes. Haz que mi inclinación se someta ante Ti. Retira de mí la mala inclinación, ahora y para siempre. Protégeme y líbrame de toda clase de malos pensamientos y fantasías. Haz que deje de abusar de la facultad de la vista y del habla. Líbrame de toda posible forma de descuidar el Santo Pacto, así sea con el pensamiento, con el habla o con la acción. Quédate siempre conmigo. Guárdame y protégeme de la polución, tanto de día como de noche, de ahora y para siempre.

Padre y Rey. Dios vivo y eterno. Redentor. Ante Ti extiendo mis manos. Líbrame. Sálvame. Libra a aquellos que están en las garras de la muerte. Salva o uno perseguido y culpable como yo. Dame la esperanza de que no me perderé, Dios no lo permita. «¿Qué ganancia hay en mi sangre derramada o si desciendo a la destrucción? ¿Acaso el polvo Te reconocerá o hablará de Tu verdad?».

Mis ojos se elevan hacia las alturas. En esta opresión, Señor, se Tú mi garante. Señor, se Tú el sostén de Tu siervo para bien. Que no me opriman los arrogantes. No tengo fuerzas, a no ser la fuerza de mi boca - para pedir por Tu ayuda. No tengo adonde volverme por refugio. No tengo a nadie en quien confiar, excepto Tú.

¿En quién o en qué puedo apoyarme? ¿Con qué puedo contar? Sólo en la fortaleza de Tu constante generosidad, en Tu abundante amor y en Tu eterna magnificencia. Y en la fuerza y el mérito de los Tzadikim, que guardaron el Pacto con absoluta pureza, una pureza que no tiene igual. Sobre ellos me apoyo para sostén. En su mérito confiaré y pondré mi esperanza. Porque Tú no abandonarás mi alma en el infierno. No permitirás que Tú piadoso vea la destrucción.

יֵשׁ לִי תִקְוָה, וַעֲדַיִן לֹא אָבְדָה תוֹחַלְתִּי מֵיְיָ, כִּי חַסְדֵי יְיָ כִּי לֹא תָמְנוּ, כִּי לֹא כָלוּ רַחֲמָיו.

עַל כֵּן בָּאתִי לְפָנֶיךָ, יְיָ אֱלֹהַי וֵאלֹהֵי אֲבוֹתַי, אֱלֹהֵי אַבְרָהָם, אֱלֹהֵי יִצְחָק וֵאלֹהֵי יַעֲקֹב, אֱלֹהֵי כָּל הַצַּדִּיקִים וְהַחֲסִידִים הָאֲמִתִּים וֵאלֹהֵי כָּל יִשְׂרָאֵל, אֱלֹהֵי הָרִאשׁוֹנִים וְהָאַחֲרוֹנִים, שֶׁתְּרַחֵם עָלַי וְתַעֲשֶׂה אֶת אֲשֶׁר בְּחֻקֶּיךָ אֵלֵךְ וְאֶת מִשְׁפָּטֶיךָ אֶשְׁמֹר, וְתָכֹף אֶת יִצְרִי לְהִשְׁתַּעְבֶּד לָךְ, וְתִגְעַר בְּהַיֵּצֶר הָרָע וּתְגָרְשׁוֹ מִמֶּנִּי מֵעַתָּה וְעַד עוֹלָם, וְתִשְׁמְרֵנִי וְתַצִּילֵנִי וּתְפַלְּטֵנִי מֵעַתָּה מִכָּל מִינֵי הִרְהוּרִים רָעִים וּמִמַּחֲשָׁבוֹת רָעוֹת וּמִפְּגַם הָרָאוּת וּמִפְּגַם הַדִּבּוּר, וְתַצִּילֵנוּ מֵעַתָּה מִכָּל מִינֵי פְּגַם הַבְּרִית שֶׁבָּעוֹלָם בְּמַחֲשָׁבָה, דִּבּוּר וּמַעֲשֶׂה, וְתִהְיֶה עִמִּי תָמִיד וְתִשְׁמְרֵנִי וְתַצִּילֵנִי מִמִּקְרֶה, בֵּין בַּיּוֹם וּבֵין בַּלַּיְלָה, מֵעַתָּה וְעַד עוֹלָם:

אָבִינוּ, מֶלֶךְ אֵל חַי וְקַיָּם, גּוֹאֵל חָזָק. שָׁטַחְתִּי אֵלֶיךָ כַּפָּי. הַצֵּל הַצֵּל, הוֹשִׁיעָה הוֹשִׁיעָה, הַצֵּל לְקוּחִים לַמָּוֶת, הַצֵּל נִרְדָּף וְחַיָּב כָּמוֹנִי, הַצִּילֵנִי מִן הַשְּׁאוֹל תַּחְתִּיּוֹת. תֵּן לִי תִקְוָה וְלֹא אֹבַד, חַס וְשָׁלוֹם, כִּי מַה בֶּצַע בְּדָמִי, בְּרִדְתִּי אֶל שַׁחַת, הֲיוֹדְךָ עָפָר, הֲיַגִּיד אֲמִתֶּךָ. דַּלּוּ עֵינַי לַמָּרוֹם, יְיָ עָשְׁקָה לִּי, עָרְבֵנִי, עֲרֹב עַבְדְּךָ לְטוֹב, אַל יַעַשְׁקֻנִי זֵדִים, כִּי אֵין לִי שׁוּם כֹּחַ אֶלָּא בְּפִי, אֵין לִי שׁוּם מָנוֹס וּמִבְטָח, כִּי אִם עָלֶיךָ לְבַד, עַל חֲסָדֶיךָ הָעֲצוּמִים לְבַד, עַל רַחֲמֶיךָ הַגְּדוֹלִים, עַל חֶמְלָתְךָ הָאֲמִתִּית, עַל חֲנִינוֹתֶיךָ הַנִּצְחִיּוֹת וְעַל כֹּחַ וּזְכוּת הַצַּדִּיקִים, שֶׁשָּׁמְרוּ אֶת הַבְּרִית בְּתַכְלִית הַשְּׁלֵמוּת, שֶׁאֵין שְׁלֵמוּת אַחֲרָיו, בָּהֶם תָּמַכְתִּי יְתֵדוֹתַי, בָּהֶם אֶשָּׁעֵן וְאֶסָּמֵךְ, בִּזְכוּתָם וְכֹחָם אֶבְטַח וַאֲקַוֶּה, כִּי לֹא תַעֲזֹב נַפְשִׁי לִשְׁאוֹל, לֹא תִתֵּן חֲסִידְךָ לִרְאוֹת שָׁחַת. אָנָּא יְיָ, מַלְּטֵנִי! אָנָּא יְיָ, פְּדֵנִי! רְאֵה מִסְכֵּן כָּמוֹנִי טוֹרֵף בְּלֵב יַמִּים, תְּהוֹם אֶל תְּהוֹם קוֹרֵא לְקוֹל צִנּוֹרֶיךָ, כָּל מִשְׁבָּרֶיךָ וְגַלֶּיךָ עָלַי עָבָרוּ, צוּד צָדוּנִי כַּצִּפּוֹר, אֹיְבַי חִנָּם. צָמְתוּ בַבּוֹר חַיָּי, וַיַּדּוּ אֶבֶן בִּי. צָפוּ מַיִם עַל רֹאשִׁי, אָמַרְתִּי נִגְזָרְתִּי. קָרָאתִי שִׁמְךָ, יְיָ, מִבּוֹר תַּחְתִּיּוֹת; קָרָאתִי שִׁמְךָ, יְיָ, מִבּוֹר תַּחְתִּיּוֹת:

¡Oh, Dios, líbrame! Mira mi miseria, arrojado como estoy en el corazón del mar. «Un abismo llama a otro abismo al estruendo de Tus canales de agua, todas Tus cascadas y Tus olas pasaron sobre mí». Mis enemigos me han atrapado como a un pájaro, y por nada. Ellos me han arrojado al foso y han arruinado mi vida. Han tirado suertes sobre mí. Las aguas han pasado sobre mi cabeza. Estoy marginado. Desde la profundidad de la fosa clamo Tu nombre, oh Dios, desde la profundidad de la fosa clamo Tu nombre.

Señor del Universo. Dios que derramas amor y generosidad. Dios pleno de magnificencia, de bondad y de favor. Es nuestro deber llamarte siempre. Aquí estoy, guardando mi compromiso. Clamo a Ti desde este degradado lugar, desde este sitio de vergüenza. Clamó a Ti desde las profundidades, desde lo más hondo del abismo. «Desde mi angustia clamé a Dios, el Señor me respondió con largura».

Es verdad: hemos caído muy bajo debido a todos nuestros pecados. Y ahora que estamos en los umbrales de la llegada del Mesías, hemos caído a los lugares más bajos y miserables, donde Israel nunca antes descendió, como está escrito: «Ella cayó asombrosamente, no hay ayuda que la consuele». Es verdad: y aun así, pese a ello, no perdemos la esperanza, Dios no lo permita, de manera alguna. Porque desde hace mucho Tú nos prometiste sacarnos incluso desde las profundidades del mar. Como está escrito, «Dios dijo: Yo los traeré de Bashán, los devolveré desde las profundidades del mar». Y está escrito, «Aunque se encuentren en la tierra de sus enemigos, no los rechazaré, no los desdeñaré ni destruiré, ni quebraré Mi Pacto con ellos. Porque Yo soy el Señor su Dios».

Señor del Universo. Abre Tu boca a alguien mudo como yo, y envía palabras desde Tu santa morada en los cielos. Envíame las palabras que harán posible que yo pueda conquistarte, encontrar favor ante Tus ojos y conciliarte, de modo que en Tu abundante amor y generosidad Tú recibas estos diez salmos que he recitado delante de Ti como si el mismo rey David los hubiera dicho. Yo no comprendo el profundo y tremendo significado que yace detrás de las palabras de estos diez salmos. Todo lo que pude hacer fue decir las palabras. Que este haber pronunciado las palabras sea considerado delante de Ti como si yo hubiera comprendido y tenido la intención de todos los secretos místicos y significados contenidos en ellos.

רִבּוֹנוֹ שֶׁל עוֹלָם! רִבּוֹנוֹ שֶׁל עוֹלָם! מָלֵא רַחֲמִים, מָלֵא חֶסֶד חִנָּם, מָלֵא
חֲנִינוֹת, מָלֵא רַחֲמָנוּת, מָלֵא טוֹב, מָלֵא רָצוֹן. כְּבָר קִבַּלְנוּ עָלֵינוּ לִקְרֹא
אֵלֶיךָ תָּמִיד, וְהִנְנִי מְקַיֵּם קַבָּלָתֵנוּ, וְהִנְנִי קוֹרֵא אֵלֶיךָ מִמָּקוֹם שָׁפָל כָּזֶה,
מִמְּקוֹמוֹת מְגֻנִּים כָּאֵלֶּה. מִמַּעֲמַקִּים קְרָאתִיךָ, יְיָ, מֵעִמְקֵי עֲמַקִּים, מִן
הַמֵּצַר קָרָאתִי יָהּ, עָנָנִי בַמֶּרְחָב יָהּ. וְאִם בַּעֲווֹנוֹתֵינוּ הָרַבִּים יָרַדְנוּ לְמָקוֹם
שֶׁיָּרַדְנוּ, וְיָרַדְנוּ עַכְשָׁו בְּעִקְבוֹת מְשִׁיחָא לִמְקוֹמוֹת נְמוּכִים וּשְׁפָלִים מְאֹד
מְאֹד, שֶׁלֹּא יָרְדוּ יִשְׂרָאֵל לְתוֹכָם מֵעוֹלָם, כְּמוֹ שֶׁכָּתוּב: וַתֵּרֶד פְּלָאִים, אֵין
מְנַחֵם לָהּ; אַף־עַל־פִּי־כֵן אֵין אָנוּ מְיָאֲשִׁים עַצְמֵנוּ, חַס וְשָׁלוֹם, בְּשׁוּם אֹפֶן
בָּעוֹלָם כְּלָל, כִּי כְּבָר הִבְטַחְתָּנוּ לַהֲשִׁיבֵנוּ מִמְּצוּלוֹת יָם, כְּמוֹ שֶׁכָּתוּב: אָמַר
אֲדֹנָי מִבָּשָׁן אָשִׁיב, אָשִׁיב מִמְּצֻלוֹת יָם. וּכְתִיב: וְאַף גַּם זֹאת, בִּהְיוֹתָם
בְּאֶרֶץ אֹיְבֵיהֶם לֹא מְאַסְתִּים וְלֹא גְעַלְתִּים לְכַלֹּתָם לְהָפֵר בְּרִיתִי אִתָּם, כִּי
אֲנִי יְיָ אֱלֹהֵיהֶם:

רִבּוֹנוֹ שֶׁל עוֹלָם! פְּתַח פִּיךָ לְאִלֵּם כָּמוֹנִי, וְתִשְׁלַח לִי דִּבּוּרִים מִמְּעוֹן קָדְשֶׁךָ
מִן הַשָּׁמַיִם, בְּאֹפֶן שֶׁאוּכַל לְנַצֵּחַ אוֹתְךָ, לִרְצוֹת וּלְפַיֵּס אוֹתְךָ, שֶׁתִּתְקַבֵּל
בְּרַחֲמֶיךָ הָרַבִּים וּבַחֲסָדֶיךָ הָעֲצוּמִים אֶת אֵלּוּ הָעֲשָׂרָה קַפִּיטְל תְּהִלִּים
שֶׁאָמַרְתִּי לְפָנֶיךָ, כְּאִלּוּ אֲמָרָם דָּוִד הַמֶּלֶךְ, עָלָיו הַשָּׁלוֹם, בְּעַצְמוֹ, וְאַף־עַל־
פִּי שֶׁאֵינִי יוֹדֵעַ לְכַוֵּן שׁוּם כַּוָּנָה מֵהַכַּוָּנוֹת הָעֲצוּמוֹת וְהַנּוֹרָאוֹת, שֶׁיֵּשׁ בְּאֵלּוּ
הָעֲשָׂרָה מִזְמוֹרִים:

יְהִי רָצוֹן מִלְּפָנֶיךָ, יְיָ אֱלֹהַי וֵאלֹהֵי אֲבוֹתַי, שֶׁתְּהֵא חֲשׁוּבָה לְפָנֶיךָ הָאֲמִירָה
בְּפֶה לְבַד. כְּאִלּוּ הִשַּׂגְתִּי וְכִוַּנְתִּי כָּל הַסּוֹדוֹת וְהַכַּוָּנוֹת שֶׁיֵּשׁ בָּהֶם, וְיִהְיוּ
אֲמָרַי לְרָצוֹן לִפְנֵי אֲדוֹן כֹּל, וְהִנְנִי מַשְׁלִיךְ יְהָבִי עָלֶיךָ, וְהִנְנִי מְקַשֵּׁר עַצְמִי
לְכָל הַצַּדִּיקִים הָאֲמִתִּיִּים שֶׁבְּדוֹרֵנוּ וּלְכָל הַצַּדִּיקִים הָאֲמִתִּיִּים, שׁוֹכְנֵי עָפָר,
קְדוֹשִׁים אֲשֶׁר בָּאָרֶץ הֵמָּה (וּבִפְרָט לְהַצַּדִּיק יְסוֹד עוֹלָם, נַחַל נוֹבֵעַ מְקוֹר
חָכְמָה, רַבֵּנוּ נַחְמָן בֶּן פֵיגֶא, זְכוּתוֹ יָגֵן עָלֵינוּ, אָמֵן), וְעַל דַּעְתָּם וְעַל

Que mis palabras encuentren favor delante de Ti, Señor de todas las cosas. Yo arrojo mi carga sobre Ti. Me uno a todos los verdaderos Tzadikim que yacen en el polvo, a todos los santos que están en la tierra. Me uno al *Tzadik, iesod olam, Najal Novea Mkor Jojmá*, Rabí Najmán, el hijo de Feiga (que su mérito nos proteja). Como si *ellos* los hubieran dicho, como si *ellos* hubieran tenido la intención en estos diez salmos. A través de su mérito y fortaleza pueda yo ser digno de despertar y ver reveladas las diez clases de canciones con las cuales está compuesto el Libro de los Salmos: la canción simple, la canción doble, triple y cuádruple. Todas ellas están contenidas en la unidad de Tu grande y Santo Nombre.

Cuando las letras de los dos santos nombres *El* y *Elohim* se deletrean plenamente, suman en *guematria* el valor de 485, que corresponde a la *guematria* de la palabra *Tehilim*. En mérito a estos dos nombres, hazme digno de liberar a todas las gotas de simiente que se han desperdiciado en el vientre de la klipá, que las ha consumido. Pues el nombre de la klipá también suma 485, dado que esta klipá es la contraparte del santo Libro de los Salmos. Mediante la fuerza de estos diez salmos despierta el poder de estos dos santos nombres, *El Elohim*, y aniquila, destruye, humilla, desarraiga y anula a la klipá que consumió las santas gotas de simiente. Fuérzala a vomitar de su vientre a todas ellas. Borra del mundo su nombre y memoria. Cumple con lo que está escrito: «Tragó el valor, pero tuvo que vomitarlo. Dios lo sacó desde su mismo vientre».

Aniquila todas las klipot que llegaron a la existencia a través de estas gotas. Sácales toda la santa vitalidad que han capturado. Libra todas las chispas de santidad que hayan sido consumidas debido a este pecado, devuélvelas y reúnelas nuevamente en la santidad. Haznos dignos de aceptar sobre nosotros el yugo del reinado del cielo con amor, siempre. Que todos nuestros días nos ocupemos de Torá, de plegaria y de buenas acciones, en verdad y con todo nuestro corazón. Podamos crear cuerpos, recipientes sagrados, para todas las almas que han quedado desnudas debido a nuestros muchos pecados y a través del daño causado por la emisión en vano de las gotas de simiente.

Señor del Universo, de absoluto poder y abundante en fortaleza: Haz lo que debas hacer para hacernos dignos de deshacer el daño al Pacto y el daño a nuestro intelecto, tanto si fue hecho voluntaria como involuntariamente, bajo presión o intencionalmente. Dios de perdón,

כַּוָּנָתָם אָמַרְתִּי כָּל אֵלּוּ הָעֲשָׂרָה קַפִּיטְל תְּהִלִּים, וּבִזְכוּתָם וְכֹחָם אֶזְכֶּה לְעוֹרֵר וּלְגַלּוֹת כָּל הָעֲשָׂרָה מִינֵי נְגִינָה, שֶׁנֶּאֱמַר בָּהֶם סֵפֶר תְּהִלִּים, שֶׁהֵם: שִׁיר פָּשׁוּט, כָּפוּל, מְשֻׁלָּשׁ, מְרֻבָּע, שֶׁהֵם כְּלוּלִים בְּשִׁמְךָ הַמְיֻחָד, הַגָּדוֹל וְהַקָּדוֹשׁ.

וּבִזְכוּת וְכֹחַ הַשְּׁנֵי שֵׁמוֹת הַקְּדוֹשִׁים הָאֵלּוּ בְּמִלּוּאָם, שֶׁהֵם "אֵל אֱלֹהִים" (כָּזֶה): אל״ף למ״ד, אל״ף למ״ד ה״י יו״ד מ״ם, שֶׁהֵם עוֹלִים בְּמִסְפָּר תפ״ה [אַרְבַּע מֵאוֹת שְׁמוֹנִים וְחָמֵשׁ], כְּמִסְפַּר תְּהִלִּי״ם, בְּכֹחַ אֵלּוּ הַשֵּׁמוֹת תְּזַכֵּנִי לְהוֹצִיא כָּל הַטִּפּוֹת קֶרִי לְבַטָּלָה מִבֶּטֶן הַקְּלִפָּה שֶׁבָּלְעָם, אֲשֶׁר מִסְפַּר שְׁמָה עִם הָאוֹתִיּוֹת עוֹלֶה תפ״ה [אַרְבַּע מֵאוֹת שְׁמוֹנִים וְחָמֵשׁ], שֶׁהִיא בַּקְּלִפָּה כְּנֶגֶד קְדֻשַּׁת סֵפֶר תְּהִלִּים, וּבְכֹחַ אֵלּוּ הָעֲשָׂרָה מִזְמוֹרֵי תְּהִלִּים תְּעוֹרֵר הַשְּׁנֵי הַשֵּׁמוֹת הַקְּדוֹשִׁים "אֵל אֱלֹהִים", וְתַהֲרֹג, וּתְשַׁבֵּר וְתַכְנִיעַ, וְתַעֲקֹר וּתְכַלֶּה וּתְבַטֵּל אֶת הַקְּלִפָּה הַזֹּאת שֶׁבָּלְעָם, וְתַכְרִיחַ אוֹתָהּ לְהַפְלִיט כָּל הַטִּפּוֹת הַקְּדוֹשׁוֹת מִבִּטְנָהּ וְקִרְבָּהּ, וְתִמָּחֶה שְׁמָהּ וְזִכְרָהּ מִן הָעוֹלָם, וּתְקַיֵּם מִקְרָא שֶׁכָּתוּב: חַיִל בָּלַע וַיְקִיאֶנּוּ, מִבִּטְנוֹ יוֹרִשֶׁנּוּ אֵל, וְתַהֲרֹג כָּל הַקְּלִפּוֹת, שֶׁנִּבְרְאוּ עַל-יְדֵי אֵלּוּ הַטִּפּוֹת, וְתוֹצִיא וְתִגְזֹל מֵהֶם הַחַיּוּת דִּקְדֻשָּׁה, וְכָל הַנִּיצוֹצוֹת הַקְּדוֹשׁוֹת שֶׁבָּלְעוּ עַל-יְדֵי פְּגַם חֵטְא זֶה, כֻּלָּם תּוֹצִיאֵם, וְתַחֲזֹר וּתְקַבְּצֵם בִּקְדֻשָּׁה שֵׁנִית, וּתְזַכֵּנוּ לְקַבֵּל עָלֵינוּ עֹל מַלְכוּת שָׁמַיִם בְּאַהֲבָה תָּמִיד, וְנִזְכֶּה לַעֲסֹק כָּל יָמֵינוּ בְּתוֹרָה וּתְפִלָּה וּמַעֲשִׂים טוֹבִים בֶּאֱמֶת וּבְלֵב שָׁלֵם, בְּאֹפֶן שֶׁנִּזְכֶּה לִבְרֹא גוּפִים וְכֵלִים קְדוֹשִׁים לְכָל הַנְּשָׁמוֹת דְּאָזְלִין עַרְטִילָאִין עַל-יְדֵי עֲווֹנוֹתֵינוּ הָרַבִּים עַל-יְדֵי פְּגַם הַטִּפּוֹת קֶרִי, שֶׁיָּצְאוּ מִמֶּנִּי לְבַטָּלָה.

רִבּוֹנוֹ שֶׁל עוֹלָם, אַמִּיץ כֹּחַ, וְרַב אוֹנִים! עֲשֵׂה מַה שֶּׁתַּעֲשֶׂה בְּרַחֲמֶיךָ הָרַבִּים בְּאֹפֶן שֶׁנִּזְכֶּה לְתַקֵּן פְּגַם הַבְּרִית, פְּגַם טִפֵּי הַמֹּחַ, בֵּין מַה שֶּׁפָּגַמְנוּ בָּזֶה בְּשׁוֹגֵג, בֵּין בְּמֵזִיד, בֵּין בְּאֹנֶס, בֵּין בְּרָצוֹן – עַל הַכֹּל תִּמְחַל וְתִסְלַח

perdóname. Tú eres gracioso y dispuesto a perdonar. Permítenos restaurar completamente lo que fue dañado, podamos verlo recuperado en nuestra vida a través del mérito de los santos Tzadikim que están en la tierra...

Cuando esta plegaria se recita ante la tumba del Rabí Najmán, se dice lo siguiente:

(...y mediante el mérito del Tzadik que aquí yace, el *Tzadik, iesod olam, Najal Novea Mkor Jojmá.* He viajado muchos kilómetros y soportado un camino muy difícil para poder venir y orar ante la tumba del santo Tzadik que aquí yace, que nos ha prometido por su misma vida que él estaría dispuesto a ayudarnos en todo momento, si veníamos a su santa tumba, dábamos un centavo para caridad y recitábamos estos diez salmos. Yo he hecho mi parte. Ahora haz Tu parte).

Perdóname y límpiame de todos los pecados y transgresiones que he cometido contra Ti con mis doscientos cuarenta y ocho miembros y mis trescientos sesenta y cinco tendones, tanto con el pensamiento, con la palabra o con la acción, con mis cinco sentidos y con todas las otras facultades de mi cuerpo, especialmente los pecados que he cometido en abuso del Santo Pacto que es el epítome de toda la Torá. He hecho lo que es malo a Tus ojos desde mi juventud hasta el día de hoy. Perdóname por todo, Dios de Amor. Restaura todos los Santos Nombres que he dañado. Hazlo en aras de Tu gran nombre. «Lávame de mi pecado, purifícame de mi transgresión. Límpiame con hisopo y seré puro. Lávame y seré tan blanco como la nieve. Permíteme escuchar regocijo y alegría. Que mis quebrados huesos se alegren. Oculta Tu rostro de mi transgresión y borra todos mis pecados».

Borra todas mis transgresiones en aras de Ti, como está dicho, «Yo, Yo Mismo soy quien borra todas tus transgresiones, en aras de Mí Mismo. No recordaré tus pecados». Muéstrame amor y ayúdame en todo momento a través del mérito y la fuerza de los verdaderos Tzadikim. Cuídame siempre y líbrame. Dame la fuerza para dominar mi inclinación, subyugar y quebrar mi deseo, y entonces no repetiré el daño que he hecho, no volveré a hacer aquello que es malo a Tus ojos, no volveré a esta locura. Porque con amor nos has dado Tu promesa de que la plegaria y el ruego pueden ayudar a

לִי, אֱלוֹהַּ סְלִיחוֹת, חַנּוּן הַמַּרְבֶּה לִסְלֹחַ, וְנִזְכֶּה לְתַקֵּן כָּל הַפְּגָמִים בִּשְׁלֵמוּת בְּחַיֵּינוּ בִּזְכוּת הַצַּדִּיקִים הַקְּדוֹשִׁים אֲשֶׁר בָּאָרֶץ הֵמָּה,

(וְאִם יִהְיֶה עַל קִבְרוֹ הַקָּדוֹשׁ יֹאמַר: וּבִזְכוּת הַצַּדִּיק הַזֶּה הַשּׁוֹכֵן פֹּה, צַדִּיק יְסוֹד עוֹלָם, נַחַל נוֹבֵעַ מְקוֹר חָכְמָה, אֲשֶׁר אֲנִי מְכַתֵּת רַגְלַי וְטִלְטַלְתִּי עַצְמִי בְּטִלְטוּל הַקָּשֶׁה בִּשְׁבִיל לָבוֹא הֵנָּה לְהִשְׁתַּטֵּחַ עַל קֶבֶר הַצַּדִּיק הָאֱמֶת הַקָּדוֹשׁ הַזֶּה, אֲשֶׁר הִבְטִיחָנוּ בְּחַיָּיו הַקְּדוֹשִׁים לַעֲמֹד בְּעֶזְרָתֵנוּ סֶלָה תָּמִיד, כְּשֶׁנָּבוֹא עַל קִבְרוֹ הַקָּדוֹשׁ וְנִתֵּן פְּרוּטָה לִצְדָקָה וְנֹאמַר אֵלּוּ הָעֲשָׂרָה קַפִּיטְל תְּהִלִּים, וְהִנֵּה עָשִׂיתִי מַה שֶּׁמֻּטָּל עָלַי, עֲשֵׂה מַה שֶּׁעָלֶיךָ).

וּמְחַל לִי, וּסְלַח לִי, וְכַפֵּר לִי עַל כָּל הַחֲטָאִים וְהָעֲווֹנוֹת וְהַפְּשָׁעִים, שֶׁחָטָאתִי וְשֶׁעָוִיתִי וְשֶׁפָּשַׁעְתִּי לְפָנֶיךָ בְּרַמַ"ח אֵיבָרַי וּשְׁסַ"ה גִידַי, בְּמַחֲשָׁבָה, דִּבּוּר וּמַעֲשֶׂה, וּבַחֲמִשָּׁה חוּשִׁים וּבִשְׁאָר כֹּחוֹת הַגּוּף, וּבִפְרָט מַה שֶּׁחָטָאתִי וּפָגַמְתִּי וּפָגַמְתִּי נֶגְדְּךָ בִּפְגַם הַבְּרִית, שֶׁהוּא כְּלָל כָּל הַתּוֹרָה כֻּלָּהּ, וְהָרַע בְּעֵינֶיךָ עָשִׂיתִי מִנְּעוּרַי עַד הַיּוֹם הַזֶּה. עַל הַכֹּל תִּמְחַל וְתִסְלַח וּתְכַפֵּר, מָלֵא רַחֲמִים, וּתְמַלֵּא כָּל הַשֵּׁמוֹת שֶׁפָּגַמְתִּי בְּשִׁמְךָ הַגָּדוֹל. הֶרֶב כַּבְּסֵנִי מֵעֲוֹנִי וּמֵחַטָּאתִי טַהֲרֵנִי, תְּחַטְּאֵנִי בְאֵזוֹב וְאֶטְהָר, תְּכַבְּסֵנִי, וּמִשֶּׁלֶג אַלְבִּין, תַּשְׁמִיעֵנִי שָׂשׂוֹן וְשִׂמְחָה, תָּגֵלְנָה עֲצָמוֹת דִּכִּיתָ, הַסְתֵּר פָּנֶיךָ מֵחֲטָאָי, וְכָל עֲוֹנוֹתַי מְחֵה.

מְחֵה פְשָׁעַי לְמַעַנְךָ, כָּאָמוּר: אָנֹכִי אָנֹכִי, הוּא מֹחֶה פְשָׁעֶיךָ לְמַעֲנִי, וְחַטֹּאתֶיךָ לֹא אֶזְכֹּר. וְתִמָּלֵא עָלַי בְּרַחֲמִים, וְתִהְיֶה בְּעֶזְרִי תָּמִיד בִּזְכוּת וְכֹחַ הַצַּדִּיקִים הָאֲמִתִּיִּים, וְתִשְׁמְרֵנִי וְתַצִּילֵנִי תָּמִיד, וְתִתֶּן לִי כֹּחַ לְהִתְגַּבֵּר עַל יִצְרִי וְלָכֹף וּלְשַׁבֵּר אֶת תַּאֲוָתִי, וְלֹא אֶפְגֹּם עוֹד מַה שֶּׁפָּגַמְתִּי, וְלֹא אֶעֱשֶׂה עוֹד הָרַע בְּעֵינֶיךָ, וְלֹא אָשׁוּב עוֹד לְכִסְלָה. אִם אָוֶן פָּעַלְתִּי – לֹא אוֹסִיף, כִּי כְּבָר הִבְטַחְתָּנוּ, שֶׁגַּם עַל זֶה מוֹעִיל תְּפִלָּה וּבַקָּשָׁה לְהִנָּצֵל לְהַבָּא, בְּרַחֲמֶיךָ

librarnos de la mala inclinación y de todo lo que está unido con ella. (*Junto a la tumba del Rabí Najmán, decir:* Y aquí, de pie junto a este lugar santo, Te pido que me ayudes en el mérito de los Tzadikim enterrados aquí).

Ten piedad de mí y dame la fuerza para dominar siempre mi inclinación. Entonces al final, a través de Tu amorosa ayuda, seré digno de alejarla y anularla completamente.

Mi vida ha transcurrido en la miseria, mis años en suspiros. Mi fuerza ha sido consumida por mi pecado, mis huesos están secos. No tengo fuerza para sostenerme. Apiádate de mí, Padre mío, amoroso Padre, ten piedad de mí. Tú escuchas nuestras plegarias. Ten piedad de mí y muestra compasión. Tú escuchas nuestros clamores, nuestros gemidos y nuestros gritos. ¡Ten piedad! ¡Ten piedad! ¡Líbrame! ¡Líbrame! Que mi sangre no sea vertida por el suelo delante de Ti. No envíes mi alma a la destrucción. Sálvame de este derramamiento de sangre, oh Dios, Dios de mi salvación. Que mi lengua exalte Tu rectitud. Tu amor es desbordante, Tu generosidad no tiene fin. Ten piedad de mí, que Tu compasión se conmueva y Tu magnificencia se despierte para con un alma tan patética y cargada de vergüenza como la mía, perseguido como estoy, inmundo con el pecado como estoy, demente y sin sentido como estoy. Sólo a Ti mis ojos se dirigen, sólo a Ti miro para nuestra esperanza. Mis ojos miran hacia las alturas. ¡Ayúdame Dios, sálvame! Por favor, ten misericordia y apiádate de mí y sálvame. Hazme retornar a Ti con un perfecto arrepentimiento, en verdad y con todo mi corazón. Hazme digno de ser como Tú quieres que yo sea, desde ahora y para siempre. Dame vida, Dios de amor, y yo observaré el testimonio de Tu boca. «Crea en mí un corazón puro, Dios, y renueva mi fuerza y mi espíritu».

Señor, nuestro Dios y Dios de nuestros padres, Señor de la felicidad y la alegría, delante de Quien no hay tristeza, como está escrito: «Esplendor y majestad están delante de Él, fortaleza y alegría en Su lugar». Dios firme en amor, sea Tu voluntad ayudarme y hacerme digno de estar siempre alegre. Tú que das alegría a los angustiados de corazón, trae alegría a mi quebrado espíritu, lleno como está de vergüenza, cansancio, sed y hambre de Ti. Retira de mí la tristeza y la pena. Regocija el alma de Tu siervo. Pues hacia Ti, Dios, elevo mi alma. «Tú me enseñas el sendero de vida, en Tu presencia hay verdadera alegría y regocijo, en Tu mano derecha hay agrado

הָאֲמִתִּיִּים, מִן הַיֵּצֶר הָרָע וְכַת דִּילֵהּ, (אִם יִהְיֶה עַל קִבְרוֹ הַקָּדוֹשׁ יֹאמַר זֶה: וּבִפְרָט עַל מְקוֹם צִיּוּן הַקָּדוֹשׁ הַזֶּה עָזְרֵנִי בִּזְכוּת הַצַּדִּיקִים הַגְּנוּזִים פֹּה).

וְרַחֵם עָלַי, וְתֶן לִי כֹּחַ וּגְבוּרָה מֵאִתְּךָ, שֶׁאֶזְכֶּה לְהִתְגַּבֵּר וְלִכְבֹּשׁ אֶת יִצְרִי תָּמִיד, עַד שֶׁאֶזְכֶּה בְּרַחֲמֶיךָ לְגָרְשׁוֹ וּלְסַלְּקוֹ וּלְבַטְּלוֹ מֵעָלַי לְגַמְרֵי מֵעַתָּה וְעַד עוֹלָם, כִּי כְּבָר כָּלוּ בְּיָגוֹן חַיַּי, וּשְׁנוֹתַי בַּאֲנָחָה, כָּשַׁל בַּעֲוֹנִי כֹחִי, וַעֲצָמַי עָשֵׁשׁוּ, עַד אֲשֶׁר כָּשַׁל כֹּחַ הַסַּבָּל. רַחֵם עָלַי, אָבִי, אָב הָרַחֲמָן; רַחֵם עָלַי, שׁוֹמֵעַ תְּפִלָּה; חוּס וַחֲמֹל עָלַי, שׁוֹמֵעַ צְעָקָה, שׁוֹמֵעַ אֲנָחָה, שׁוֹמֵעַ אֲנָקָה, רַחֵם רַחֵם, הַצֵּל הַצֵּל, הוֹשִׁיעָה הוֹשִׁיעָה! אַל יִפֹּל דָּמִי אַרְצָה לְפָנֶיךָ, אַל תִּתֵּן לְשַׁחַת נַפְשִׁי, הַצִּילֵנִי מִדָּמִים, אֱלֹהִים, אֱלֹהֵי תְּשׁוּעָתִי. תְּרַנֵּן לְשׁוֹנִי צִדְקָתֶךָ. חוּסָה עָלַי, כְּרֹב רַחֲמֶיךָ, כְּרֹב חֲסָדֶיךָ, יֶהֱמוּ נָא מֵעֶיךָ וַחֲנִינוֹתֶיךָ עַל עָלוּב נֶפֶשׁ כָּמוֹנִי, עַל נִרְדָּף כָּמוֹנִי, עַל מְלֻכְלָךְ בַּחֲטָאִים כָּמוֹנִי, עַל חֲסַר דֵּעָה, חֲסַר עֵצָה כָּמוֹנִי, כִּי לְךָ לְבַד עֵינֵינוּ תְּלוּיוֹת, לְךָ לְבַד רַעְיוֹנֵי צוֹפִיּוֹת, דַּלּוּ עֵינַי לַמָּרוֹם, עֲזֹר נָא, הוֹשִׁיעָה נָא, חוּס וַחֲמֹל נָא עָלַי וְהוֹשִׁיעֵנִי לָשׁוּב אֵלֶיךָ בִּתְשׁוּבָה שְׁלֵמָה, בֶּאֱמֶת וּבְלֵב שָׁלֵם, וְאֶזְכֶּה לִהְיוֹת תָּמִיד כִּרְצוֹנְךָ הַטּוֹב מֵעַתָּה וְעַד עוֹלָם. כְּחַסְדְּךָ חַיֵּינִי, וְאֶשְׁמְרָה עֵדוּת פִּיךָ, לֵב טָהוֹר בְּרָא לִי אֱלֹהִים, וְרוּחַ נָכוֹן חַדֵּשׁ בְּקִרְבִּי:

וּבְכֵן, יְהִי רָצוֹן מִלְּפָנֶיךָ, יְיָ אֱלֹהֵינוּ וֵאלֹהֵי אֲבוֹתֵינוּ, אֲדוֹן הַשִּׂמְחָה וְהַחֶדְוָה, אֲשֶׁר לְפָנֶיךָ אֵין שׁוּם עַצְבוּת כְּלָל לְעוֹלָם, כְּמוֹ שֶׁכָּתוּב: הוֹד וְהָדָר לְפָנָיו, עֹז וְחֶדְוָה בִּמְקֹמוֹ, שֶׁתַּעַזְרֵנִי בְּרַחֲמֶיךָ הָעֲצוּמִים וּתְזַכֵּנִי לִהְיוֹת בְּשִׂמְחָה תָּמִיד. מְשַׂמֵּחַ נְפָשׁוֹת עֲגוּמִים, שַׂמַּח נַפְשִׁי הָאֻמְלָלָה מְאֹד, הָעֲלוּבָה מְאֹד, הָעֲיֵפָה וְהַצְּמֵאָה וְהָרְעֵבָה אֵלֶיךָ מְאֹד, הָסֵר מִמֶּנִּי יָגוֹן וַאֲנָחָה, שַׂמַּח נֶפֶשׁ עַבְדֶּךָ, כִּי אֵלֶיךָ, יְיָ, נַפְשִׁי אֶשָּׂא. תּוֹדִיעֵנִי אֹרַח חַיִּים. שֹׂבַע שְׂמָחוֹת אֶת

y eterna satisfacción». «Dame la alegría en Tu salvación, susténtame con un espíritu generoso». Satisfáceme con Tu bien, regocija mi alma con Tu salvación y purifica mi corazón para servirte en verdad. «Despierta, mi gloria, despierta, arpa y lira. Yo despertaré el alba».

Hazme digno de las diez clases de canciones santas que tienen el poder de deshacer y corregir el daño al santo Pacto, tal cual está escrito: «Bendeciré a Dios que me aconsejó; también por las noches mi conciencia me insta». «De David. *Maskil*. ¡Feliz aquel cuya transgresión ha sido perdonada y su falta indultada!». «Casa y riquezas son la herencia de los padres; pero una esposa prudente proviene del Señor». «De día mandará Dios Su benevolencia, de noche Su canción está conmigo. ¡Una plegaria al Todopoderoso de mi vida!». «Al director de canto. Para no ser destruido, *Mijtam* de David, cuando Shaúl envió para vigilar su casa para matarle». «Me acuerdo de mi canción en la noche, medito en mi corazón y mi espíritu inquiere». «¿Puede aquello que no tiene sabor ser comido sin sal? ¿Hay sabor en la clara del huevo?». «No sea que des tu gloria a otros y tus años al cruel». «Y él no dijo dónde está mi Dios, mi Hacedor, quien da canciones en la noche». «El encanto es engaño y la belleza no vale nada. La mujer temerosa de Dios, es la que debe ser alabada». Y está dicho: ¡Haleluiá!, ¡Alaben a Dios en Su Santuario! ¡Alábenle en el firmamento de Su poder! ¡Alábenle por Sus prodigios! ¡Alábenle conforme con Su abundante grandeza! ¡Alábenle al son del shofar! ¡Alábenle con nabla y lira! ¡Alábenle con panderetas y danzas! ¡Alábenle con órgano y flauta! ¡Alábenle con platillos resonantes! ¡Alábenle con trompetas altisonantes! ¡Que toda alma alabe a Dios! ¡Haleluiá!

Señor del Universo, haz sonar la trompeta de nuestra libertad, y levanta la enseña para reunir a nuestros exilados. Acerca a aquellos de nosotros que estamos dispersos entre las naciones, y reúne a los distantes desde los extremos de la tierra. Junta a nuestros marginados de los cuatro rincones de mundo y tráelos a nuestra tierra, cumple para con nosotros el versículo, como está escrito: «El Señor tu Dios los hará retornar de su cautiverio, les mostrará amor, los hará volver y los reunirá de todos los pueblos en los cuales el Señor tu Dios los ha dispersado. Si alguno de ustedes estuviera marginado y abandonado en los cielos más lejanos, incluso de allí el Señor tu Dios los reunirá. Él los traerá a las tierras que

פָּנֶיךָ, נְעִמוֹת בִּימִינְךָ נֶצַח. הָשִׁיבָה לִי שְׂשׂוֹן יִשְׁעֶךָ, וְרוּחַ נְדִיבָה תִסְמְכֵנִי. שַׂבְּעֵנִי מִטּוּבֶךָ, וְשַׂמַּח נַפְשִׁי בִּישׁוּעָתֶךָ, וְטַהֵר לִבִּי לְעָבְדְּךָ בֶּאֱמֶת. עוּרָה כְבוֹדִי, עוּרָה הַנֵּבֶל וְכִנּוֹר, אָעִירָה שָּׁחַר.

זַכֵּנוּ לְכָל הָעֲשָׂרָה מִינֵי נְגִינָה דִּקְדֻשָּׁה, שֶׁהֵם מַכְנִיעִים וּמְתַקְּנִים פְּגַם הַבְּרִית, כָּאָמוּר: אֲבָרֵךְ אֶת יְיָ אֲשֶׁר יְעָצָנִי, אַף לֵילוֹת יִסְּרוּנִי כִלְיוֹתָי. לְדָוִד מַשְׂכִּיל, אַשְׁרֵי נְשׂוּי פֶּשַׁע כְּסוּי חֲטָאָה. בַּיִת וָהוֹן נַחֲלַת אָבוֹת, וּמֵיְיָ אִשָּׁה מַשְׂכָּלֶת. יוֹמָם יְצַוֶּה יְיָ חַסְדּוֹ, וּבַלַּיְלָה שִׁירֹה עִמִּי, תְּפִלָּה לְאֵל חַיָּי. לַמְנַצֵּחַ עַל תַּשְׁחֵת לְדָוִד מִכְתָּם בִּשְׁלֹחַ שָׁאוּל וַיִּשְׁמְרוּ אֶת הַבַּיִת לַהֲמִיתוֹ. אֶזְכְּרָה נְגִינָתִי בַּלָּיְלָה. עִם לְבָבִי אָשִׂיחָה וַיְחַפֵּשׂ רוּחִי, הֲיֵאָכֵל תָּפֵל מִבְּלִי מֶלַח, אִם יֶשׁ טַעַם בְּרִיר חַלָּמוּת. פֶּן תִּתֵּן לַאֲחֵרִים הוֹדֶךָ וּשְׁנוֹתֶיךָ לְאַכְזָרִי. וְלֹא אָמַר, אַיֵּה אֱלוֹהַּ עֹשָׂי הַנֹּתֵן זְמִרוֹת בַּלָּיְלָה, שֶׁקֶר הַחֵן וְהֶבֶל הַיֹּפִי, אִשָּׁה יִרְאַת יְיָ הִיא תִתְהַלָּל. וְנֶאֱמַר: הַלְלוּיָהּ, הַלְלוּ אֵל בְּקָדְשׁוֹ, הַלְלוּהוּ בִּרְקִיעַ עֻזּוֹ: הַלְלוּהוּ בִגְבוּרֹתָיו, הַלְלוּהוּ כְּרֹב גֻּדְלוֹ, הַלְלוּהוּ בְּתֵקַע שׁוֹפָר, הַלְלוּהוּ בְּנֵבֶל וְכִנּוֹר: הַלְלוּהוּ בְּתֹף וּמָחוֹל הַלְלוּהוּ בְּמִנִּים וְעֻגָב: הַלְלוּהוּ בְצִלְצְלֵי שָׁמַע, הַלְלוּהוּ בְּצִלְצְלֵי תְרוּעָה: כֹּל הַנְּשָׁמָה תְּהַלֵּל יָהּ הַלְלוּיָהּ.

רִבּוֹנוֹ שֶׁל עוֹלָם! תְּקַע בְּשׁוֹפָר גָּדוֹל לְחֵרוּתֵנוּ, וְשָׂא נֵס לְקַבֵּץ גָּלִיּוֹתֵינוּ וְקָרֵב פְּזוּרֵנוּ מִבֵּין הַגּוֹיִם, וּנְפוּצוֹתֵינוּ כַּנֵּס מִיַּרְכְּתֵי אָרֶץ: וְקַבֵּץ נִדָּחֵנוּ יַחַד מֵאַרְבַּע כַּנְפוֹת הָאָרֶץ לְאַרְצֵנוּ: וְקַיֵּם בָּנוּ מִקְרָא שֶׁכָּתוּב: וְשָׁב יְיָ אֱלֹהֶיךָ אֶת שְׁבוּתְךָ וְרִחֲמֶךָ, וְשָׁב וְקִבֶּצְךָ מִכָּל הָעַמִּים, אֲשֶׁר הֱפִיצְךָ יְיָ אֱלֹהֶיךָ שָׁמָּה. אִם יִהְיֶה נִדַּחֲךָ בִּקְצֵה הַשָּׁמָיִם, מִשָּׁם יְקַבֶּצְךָ יְיָ אֱלֹהֶיךָ וּמִשָּׁם יִקָּחֶךָ. וֶהֱבִיאֲךָ יְיָ אֱלֹהֶיךָ אֶל הָאָרֶץ, אֲשֶׁר יָרְשׁוּ אֲבֹתֶיךָ, וִירִשְׁתָּהּ וְהֵיטִבְךָ, וְהִרְבְּךָ מֵאֲבֹתֶיךָ: וְנֶאֱמַר: נְאֻם יְיָ אֱלֹהִים, מְקַבֵּץ נִדְחֵי יִשְׂרָאֵל, עוֹד אֲקַבֵּץ עָלָיו לְנִקְבָּצָיו. וְנֶאֱמַר: בּוֹנֵה יְרוּשָׁלַיִם יְיָ, נִדְחֵי יִשְׂרָאֵל יְכַנֵּס.

heredaron vuestros padres y se las dará como herencia y les hará bien y los multiplicará más que a sus antepasados». Y está dicho: «El Señor Dios, que reúne a los marginados de Israel, proclama: Yo juntaré más aún que los que ya están reunidos». Y está dicho: «Dios construye a Jerusalén y reúne a los marginados de Israel».

Apúrate a liberarnos, trae nuestro Recto Mashíaj, reconstruye el santo y glorioso Templo y llévanos a Sión, Tu ciudad, con alegría, a Jerusalén, a la Casa de Tu santuario, en eterno regocijo, como está escrito: «Los redimidos de Dios volverán y vendrán a Sión con alegría, con eterno regocijo sobre sus cabezas. Encontrarán felicidad y alegría. Se acabarán la tristeza y la pena». Y está dicho: «Porque irán con alegría y en paz serán guiados. Las colinas y las montañas irrumpirán en alegría delante de ustedes y aplaudirán todos los árboles del bosque».

Y está dicho: «Pues Dios ha consolado a Sión, Él la ha consolado en todos sus lugares desechados. Él ha hecho sus desiertos como el Paraíso, y sus tierras salvajes como el Jardín de Dios. Regocijo y alegría estarán en ella, gratitud y sonidos de canciones». «Alégrate, oh recto, y regocíjate en Dios. Alégrense todos los rectos de corazón. Luz hay sembrada para el justo, alegría para el recto de corazón. Regocíjense, rectos, en Dios, y agradezcan su Santo Nombre». Amén. Amén.

וּתְמַהֵר וְתָחִישׁ לְגָאֳלֵנוּ, וְתָבִיא לָנוּ אֶת מְשִׁיחַ צִדְקֵנוּ, וְתִבְנֶה אֶת בֵּית
קָדְשֵׁנוּ וְתִפְאַרְתֵּנוּ, וַהֲבִיאֵנוּ לְצִיּוֹן עִירְךָ בְּרִנָּה, וְלִירוּשָׁלַיִם בֵּית מִקְדָּשְׁךָ
בְּשִׂמְחַת עוֹלָם. כְּמוֹ שֶׁכָּתוּב: וּפְדוּיֵי יְיָ יְשׁוּבוּן, וּבָאוּ צִיּוֹן בְּרִנָּה, וְשִׂמְחַת
עוֹלָם עַל רֹאשָׁם, שָׂשׂוֹן וְשִׂמְחָה יַשִּׂיגוּ, וְנָסוּ יָגוֹן וַאֲנָחָה. וְנֶאֱמַר: כִּי
בְשִׂמְחָה תֵצֵאוּ, וּבְשָׁלוֹם תּוּבָלוּן, הֶהָרִים וְהַגְּבָעוֹת יִפְצְחוּ לִפְנֵיכֶם רִנָּה,
וְכָל עֲצֵי הַשָּׂדֶה יִמְחֲאוּ כָף. וְנֶאֱמַר: כִּי נִחַם יְיָ צִיּוֹן, נִחַם כָּל חָרְבוֹתֶיהָ,
וַיָּשֶׂם מִדְבָּרָהּ כְּעֵדֶן וְעַרְבָתָהּ כְּגַן יְיָ, שָׂשׂוֹן וְשִׂמְחָה יִמָּצֵא בָהּ, תּוֹדָה
וְקוֹל זִמְרָה. שִׂמְחוּ בַיְיָ וְגִילוּ צַדִּיקִים, וְהַרְנִינוּ כָּל יִשְׁרֵי לֵב: אוֹר זָרֻעַ
לַצַּדִּיק, וּלְיִשְׁרֵי לֵב שִׂמְחָה. שִׂמְחוּ צַדִּיקִים בַּיְיָ, וְהוֹדוּ לְזֵכֶר קָדְשׁוֹ, אָמֵן
נֶצַח סֶלָה וָעֶד:

Señor del Universo. Causa de todas las causas. Tú eres supremo. Tú estás más allá de todo. No hay nada más sobre Ti. No hay pensamiento que pueda comprenderte, de manera alguna. Ante Ti el silencio es alabanza, pues Tú eres exaltado por sobre todas las bendiciones y elogios.

Sólo a Ti te busco. Sólo a Ti ruego. Abre un sendero amplio que descienda desde Ti, a través de todos los mundos, nivel tras nivel, hasta llegar a *mí* nivel, el lugar en donde me encuentro ahora, tal cual Te es revelado. Pues Tú conoces incluso los secretos más ocultos. Y a través de este sendero, de este camino, envíame Tu luz para hacerme retornar a Ti en un arrepentimiento verdadero y perfecto, de acuerdo con Tu voluntad y siguiendo el camino elegido por los verdaderos Tzadikim.

Que nunca tenga un solo pensamiento impropio en mi mente, ni una idea contraria a Tu voluntad. Que siempre pueda estar unido a Ti con pensamientos puros, claros y santos, buscando conocer Tu grandeza y estando cerca de Tu Torá. Inclina mi corazón a Tus testimonios y dame un corazón puro para servirte en verdad.

Llévame desde las profundidades del mar hacia una gran luz. Ayúdame pronto. Porque la salvación de Dios puede llegar en un abrir y cerrar de ojos. Pueda ser iluminado con la luz de la vida todos los días de mi vida sobre esta tierra. Entonces seré capaz de renovar mi juventud e infundir vida y santidad a todos los días que han pasado en la oscuridad. Pueda yo dejar este mundo tal como vine: sin pecado.

Pueda ser digno de contemplar la belleza del Señor y visitar Su palacio, donde todas las cosas declaran «¡Gloria!». Amén. Sela.

זאת התפילה מצאנו באמתחת הכתבים והיא מעוטת הכמות ורבת האיכות

רִבּוֹנוֹ שֶׁל עוֹלָם, עִלַּת הָעִלּוֹת וְסִבַּת כָּל הַסִּבּוֹת אַנְתְּ לְעֵלָּא. לְעֵלָּא מִן כֹּלָּא. וְלֵית לְעֵלָּא מִנָּךְ. דְּלֵית מַחֲשָׁבָה תְּפִיסָא בָּךְ כְּלָל, וּלְךָ דוּמִיָּה תְהִלָּה. וּמְרוֹמָם עַל כָּל בְּרָכָה וּתְהִלָּה. אוֹתְךָ אֶדְרֹשׁ, אוֹתְךָ אֲבַקֵּשׁ, שֶׁתִּפְתַּח לִי חֲתִירָה דֶּרֶךְ כְּבוּשָׁה מֵאִתְּךָ, דֶּרֶךְ כָּל הָעוֹלָמוֹת, עַד הַהִשְׁתַּלְשְׁלוּת שֶׁלִּי, בַּמָּקוֹם שֶׁאֲנִי עוֹמֵד, כְּפִי אֲשֶׁר נִגְלָה לְךָ, יוֹדֵעַ תַּעֲלוּמוֹת. וּבַדֶּרֶךְ וְנָתִיב הַזֶּה תָּאִיר עָלַי אוֹרְךָ, לְהַחֲזִירֵנִי בִּתְשׁוּבָה שְׁלֵמָה לְפָנֶיךָ בֶּאֱמֶת כְּפִי רְצוֹנְךָ בֶּאֱמֶת, כְּפִי רְצוֹן מִבְחַר הַבְּרוּאִים, לִבְלִי לַחֲשֹׁב בְּמַחֲשַׁבְתִּי שׁוּם מַחֲשֶׁבֶת חוּץ וְשׁוּם מַחֲשָׁבָה וּבִלְבּוּל, שֶׁהוּא נֶגֶד רְצוֹנְךָ, רַק לְדַבֵּק בְּמַחֲשָׁבוֹת זַכּוֹת צְחוֹת וּקְדוֹשׁוֹת בַּעֲבוֹדָתְךָ בֶּאֱמֶת בְּהַשְׂגָּתְךָ וּבְתוֹרָתֶךָ. הַט לִבִּי אֶל עֵדוֹתֶיךָ, וְתֶן לִי לֵב טָהוֹר לְעָבְדְּךָ בֶּאֱמֶת. וּמִמְּצוּלוֹת יָם תּוֹצִיאֵנִי לְאוֹר גָּדוֹל חִישׁ קַל מְהֵרָה. תְּשׁוּעַת יְיָ כְּהֶרֶף עַיִן, "לָאוֹר בְּאוֹר הַחַיִּים" כָּל יְמֵי הֱיוֹתִי עַל פְּנֵי הָאֲדָמָה; וְאֶזְכֶּה לְחַדֵּשׁ נְעוּרַי, הַיָּמִים שֶׁעָבְרוּ בַּחשֶׁךְ, לְהַחֲזִירָם אֶל הַקְּדֻשָּׁה, וְתִהְיֶה יְצִיאָתִי מִן הָעוֹלָם כְּבִיאָתִי, בְּלֹא חֵטְא. וְאֶזְכֶּה לַחֲזוֹת בְּנֹעַם יְיָ וּלְבַקֵּר בְּהֵיכָלוֹ, כֻּלּוֹ אוֹמֵר כָּבוֹד. אָמֵן נֶצַח סֶלָה וָעֶד:

Las plegarias anteriores fueron escritas por el Rabí Natán, fiel al sendero espiritual del Rebe Najmán que es primero y ante todo un camino de plegaria y meditación. La plegaria es el canal del hombre para comunicarse con Dios. Mediante ella el hombre abre su corazón a Dios y trae la luz de Dios al mundo en el cual vive, iluminando así todos los detalles de su vida.

El Rebe nos pidió que «transformásemos la Torá en plegarias» (*Likutey Moharán* I, 25). En el nivel más simple esto quiere decir pedirle a Dios que nos ayude a alcanzar los horizontes abiertos ante nosotros por nuestro estudio de las lecciones del Rebe. De esta manera el estudio de la Torá se vuelve algo más que meramente académico. Es una experiencia viva y completa que toca y transforma cada fibra de nuestro ser.

Este pedido del Rebe fue cumplido con fiel simplicidad por el Rabí Natán, su discípulo más cercano. Escribió un volumen de plegarias conocido como el *Likutey Tefilot*. Las plegarias cubren cada faceta de la vida del judío y se relacionan con todos los aspectos de las enseñanzas del Rabí Najmán.

El Rabí Natán estaba profundamente imbuido de la Biblia y de toda la literatura religiosa. En cada página de sus plegarias se puede percibir el eco de frases de los Salmos y de los Profetas, en toda su riqueza poética y profundidad espiritual. Pero al mismo tiempo, el Rabí Natán se expresaba a sí mismo con tal sinceridad, honestidad y simpleza que las plegarias que escribió hablan por todo aquel cuya alma anhela acercarse a Dios.

www.ingramcontent.com/pod-product-compliance
Lightning Source LLC
Chambersburg PA
CBHW051830090426
42736CB00011B/1735